प्रदूषण-मुक्त पर्यावरण

(Pollution Free Environment)

रचना भोला 'यामिनी'

डायमण्ड पॉकेट बुक्स

प्रकाशक : डायमंड पॉकेट बुक्स (प्रा.) लि.
X-30 ओखला इंडस्ट्रियल एरिया, फेज-II
नई दिल्ली-110020
फोन : 011-40712200
ई-मेल : wecare@diamondbooks.in
वेबसाइट : www.diamondbooks.in
संस्करण : 2025

Pradushan Mukt Paryavaran
By : Rachna Bhola 'Yamini'

अपनी बात.......

पर्यावरण के विविध स्वर

कविवर रवीन्द्रनाथ टैगोर के शब्दों में–

तोरा केउ पारबि ने गो फुल फोटाते
चतइ बलिस चतइ करिस चतइ तारे तुले धरिस
व्यग्र हये रजनि दिन आघात करिस बोंटाते
तोरा केउ पारबि ने गो फुल फोटाते

कितना सच कहा था उन्होंने–फल, फूल, पशु-पक्षी, जल, भूमि, वायु को प्रदूषित करना कितना आसान है। एक ही क्षण में हरे-भरे वन को ठूंठ किया जा सकता है। एक ही क्षण में घातक बमों के प्रयोग से मानव विहीन धरती का साम्राज्य हो सकता है–किन्तु क्या हम एक भी फूल अपनी इच्छा से खिला सकते हैं? नहीं न! बस यही एक बिन्दु है, जिसके आगे सारे वैज्ञानिक, सभी उपलब्धियां हार जाती हैं।

यही एक तथ्य यदि सत्ता और धन-लोलुप मनुष्य के मस्तिष्क में आ जाए तो शायद प्रकृति का अनियंत्रित उपयोग इसी पल थम जाए और हम सभ्य, शान्त और सुरम्य वातावरण में शुद्ध वायु के तले जी सकें।

पर्यावरण एक मुद्दा नहीं, एक ऐसा संवेदनशील पक्ष है, जो मानव के साथ अंतरंग होना चाहता है, उसके साथ मिलकर जीना चाहता है। क्या हम अपनी संगति के इच्छुक पर्यावरण को तुष्टि दे रहे हैं? क्या उसके अमूल्य उपहारों के बदले में प्रदूषण ही उसका देय है?

प्रस्तुत पुस्तक में पर्यावरण, प्रदूषण और उससे जुड़े सभी छाटे-मोटे पहलुओं को रखने का प्रयास किया है। यदि पाठकगण एक भी उपाय से सहमत होकर उसे अपना लेंगे तो मैं अपना प्रयास सार्थक मानूंगी।

आभारी हूं अपने मित्र तुल्य पति श्री संजय भोला की–जिनके सुखद सहयोग से मेरे सभी दुर्गम कार्य भी सहज हो जाते हैं। धन्यवाद देती हूं अपनी सासू मां को, जिन्होंने समस्त गृहकार्य का भार अपने ऊपर लेकर मुझे लेखन के लिए पर्याप्त समय दिया।

डायमंड पाकेट बुक्स के निदेशक **श्री नरेन्द्र कुमार जी** साधुवाद के पात्र हैं, जिनके सहयोग से यह पुस्तक सम्पूर्ण हो पाई है।

रचना भोला 'यामिनी'
"श्री दुर्गा निवास"
242, सेक्टर–22, H.B.C.
फरीदाबाद–121005
हरियाणा।

विषय सूची

पर्यावरण और हमारी संस्कृति

भारतीय विचारधारा सदैव ही पर्यावरण प्रेमी रही है। उसने ऐसे नियम और परम्पराएं बना दीं जिनके पालन से मनुष्य और प्रकृति का अटूट नाता बन गया। जब तक मनुष्य पूर्वजों के दिखलाए मार्ग का अनुसरण करता रहा, उनके पद्चिन्हों पर चलता रहा तब तक सब ठीक-ठाक चलता रहा। किन्तु जब उसने प्रकृति का दोहन आरम्भ किया तो ऊर्जा के प्राकृतिक भंडार रामाप्त होने लगे।

पृथ्वी प्रदूषित हुई और उसने प्रतिशोध का मार्ग अपना लिया। वैज्ञानिकों ने पता लगाया कि पृथ्वी की आयु लगभग 4 अरब 60 करोड़ वर्ष है। इतने वर्षों से मनुष्य की सेवा में रत पृथ्वी ने रूप बदला। उसका कोई तो कारण रहा होगा! ऐसा कुछ अवश्य हुआ होगा जिससे धैर्यमयी पृथ्वी का भी धीरज डोल गया।

हमने अदूरदर्शिता से काम लिया और नैतिक मूल्यों को ताक पर रख कर, एक मशीनी युग में जीने के लिए अभिशप्त हो गए। पर्यावरण से सदियों पुराना सूत्र टूटा और हम मशीनों के झुंड में अकेले पड़ गए। आने वाले समय में मनुष्य आधा मानव और आधा कंप्यूटर बन कर रह जाएगा ।

पर्यावरण में होने वाले भयानक परिवर्तनों के लिए हम ही उत्तरदायी हैं। हमारी धरती और इस पर मिलने वाली प्रत्येक वस्तु हमारा पर्यावरण है। वायु, जल, भूमि, वनस्पति आदि हमारा पर्यावरण ही तो है।

सभ्य होना अच्छी बात है, किन्तु हमने इस सभ्यता का भारी मोल चुकाया है। भोजन, वस्त्र और आवास–इन तीन समस्याओं के समाधान के लिए प्रकृति ने कदम-कदम पर हमारा साथ निभाया। आज उसके कारण ही हमारा अस्तित्व शेष है। हमने उसी प्रकृति को धन्यवाद देने की अपेक्षा मौत के मुंह में धकेल दिया। उसने हमें रोटी दी, हमने उसके पेड़ पौधों से दुर्व्यवहार आरम्भ कर दिया। उसने हमें जीना सिखाया, हमने उसी के अंगों अर्थात् भूमि, जल और वायु के साथ खिलवाड़ किया।

क्या यही हमारी मानवता है? क्या यही है भारतीय संस्कृति? क्या हमारे पूर्वजों ने हमें यही सिखाया था? नहीं!

यह चाल तो हमने स्वयं चली है भारतीय संस्कृति तो सदा से ही प्रकृति पोषक रही है। जहां पशु देवों के वाहन हैं, वृक्ष पुत्रों से बढ़ कर हैं और पेड़-पौधे सगे आत्मीयों की भांति हैं। ऐसे पवित्र और दिव्य वातावरण को प्रदूषित करने का पाप हमने क्यों किया?

पर्यावरण और प्रदूषण:

जल, वायु और भूमि में अवांछित एवं हानिकारक पदार्थों का मिल जाना ही प्रदूषण कहलाता है। आज पूरा संसार इस विश्व-व्यापी समस्या से जूझ रहा है। पर्यावरण रक्षा एक गंभीर प्रश्न बनकर सामने आया है। औद्योगिक प्रगति के पीछे जल, थल और वायु के प्रदूषण का लंबा इतिहास छिपा है। सन् 75 से 95 के बीच देश की अर्थव्यवस्था में ढाई गुणा वृद्धि हुई जबकि औद्योगिक प्रदूषण चार गुना बढ़ गया।

जनसंख्या के अतिरिक्त दबाव ने पर्यावरण की समस्याओं को और भी जटिल बना दिया है। जितने पेट उतना भोजन! जितना भोजन उतने साधन चाहिएं। लेकिन साधन सीमित हैं। ऐसी परिस्थिति में प्रकृति का दोहन न हो तो क्या हो?

सभी विकसित और विकासशील देश इस समस्या से जूझ रहे हैं। परन्तु समस्या तो यह है कि एक प्रदूषण से बचाव में दूसरी समस्या उत्पन्न हो जाती है।

जापान में अपशिष्ट पदार्थों के निस्तारण के लिए उसे इन्सीनेरेटर में जलाने की

व्यवस्था की गई। किन्तु इसके कारण वायुमंडल में डायक्सीन की मात्रा बढ़ गई और कैंसर रोगी बढ़ गए।

एक अध्ययन के अनुसार केवल वायु प्रदूषण से ही 10 हज़ार मौतें हुईं। दरअसल यह प्रदूषण इतने गुपचुप तरीके से फैलता है कि पता ही नहीं चलता। अप्रत्यक्ष और धीमे प्रभावों के कारण। फिर भी हम इसकी परवाह नहीं करते।

वायु प्रदूषण के कारण खाद्यान्नों की पैदावार में भी गिरावट आ जाती है। खाद्य श्रृंखला में मर्करी जैसे तत्वों का समावेश क्या गुल खिलाएगा इसका अनुमान आप स्वयं ही लगा लें।

जल प्रदूषण भी व्यापक स्तर पर फैल चुका है। भारत जैसे विकासशील देशों में शुद्ध पेयजल की आपूर्ति कठिन हो गई है। निरक्षर ग्रामीण जनता जल के साधनों का सही उपयोग करना ही नहीं जानती। छोटी-छोटी गलतियों, उपेक्षाओं और लापरवाहियों के कारण जल जैसी जीवनदायिनी शक्ति प्रदूषित हो जाती है।

उद्योगपति जी भर के नोट छाप रहे हैं। उनके उद्योग-धंधों से समाज को होने वाली क्षति से उनका कोई लेना-देना नहीं है। टनों मलबा भूमि पर सड़ने के लिए छोड़ दिया जाता है। परिणाम स्वरूप मृदा का प्रदूषण होता है। हरे-भरे खलिहानों की जननी बांझ हो जाती है।

तापमान में वृद्धिः

एक अध्ययन के अनुसार पिछले 100 वर्षों में 1990 का दशक सबसे गर्म रहा। सन् 1998 की भीषण गर्मी को देखकर तो सब दंग रह गए थे।

वैज्ञानिकों का कहना है कि सन् 2050 तक पृथ्वी की सतह का औसत तापमान और अधिक हो जाएगा।

पृथ्वी के वनस्पति जगत को हानि पहुंचाने से वह क्रुद्ध हो उठी है। वातावरण में ऐसी गैसों की संख्या बढ़ रही है, जिससे पृथ्वी गरम होती है। तापमान में वृद्धि का एक ही प्रभाव होगा—बर्फीले पहाड़ पिघलेंगे, समुद्र का जलस्तर बढ़ेगा और समुद्र तट की 60 किलोमीटर सीमा में रहने वाली दो तिहाई आबादी बेघर हो जाएगी।

वनसंरक्षक अधिनियम 1980 के अनुसार देश के संपूर्ण भौगोलिक क्षेत्रफल का 33 प्रतिशत भाग वनों से हरा-भरा होना चाहिए। बीसवीं सदी के प्रारंभ तक यह वन क्षेत्र 40 प्रतिशत के लगभग था। सन् 2000 में विश्व-पर्यावरण दिवस की पूर्वसंध्या पर संयुक्त राष्ट्र जनसंख्या कोष द्वारा जारी की गई। एक रिपोर्ट से पता चला कि वह वन-क्षेत्र 40 प्रतिशत से गिरकर 19 प्रतिशत पर पहुंच गया है।

सन् 1997 में पृथ्वी के तापमान को गर्म होने से बचाने के लिए विश्व के कई देशों द्वारा एक अन्तर्राष्ट्रीय संधि पर हस्ताक्षर किये गए। इसमें कहा गया था कि सन्

2008 से 2012 तक की अवधि में तीन ग्रीन हाउस गैसों (मिथेन, नाइट्रस आक्साइड व कार्बन डाइआक्साइड) के 1990 के उत्सर्जन स्तर में पांच प्रतिशत की औसत कमी लाई जाएगी।

भारत में स्वतंत्रता प्राप्ति के पश्चात विकास के नाम पर प्राकृतिक संसाधनों की लूट-खसोट का जो दौर चला वह आज भी जारी है। संविधान में इसके लिए प्रावधान रखे गए। मौलिक कर्तव्यों से संबद्ध अनुच्छेद 51 अ (जी) में कहा गया–

वनों, झीलों, नदियों और वन्य जीवन की सुरक्षा एवं विकास तथा सभी जीवों के प्रति सहानुभूति प्रत्येक नागरिक का कर्तव्य होगा। सन् 1952 में वन नीति की घोषणा की गई।

सन् 1972 में स्टाकहोम के एक अंतर्राष्ट्रीय सम्मेलन में तय हुआ कि प्रतिवर्ष 5 जून को पर्यावरण दिवस मनाने की घोषणा की गई। तब से अब तक प्रतिवर्ष यह औपचारिक रूप से मनाया जाता है। किन्तु क्या हम इसके सही मायने जानते हैं?

सन् 1970 में 'पृथ्वी दिवस' मनाने की शुरुआत की गई। इस दिन पर्यावरण के प्रति जनजागरुक और प्रकृति को पुनः समृद्ध बनाने का संकल्प लिया गया।

सन् 1980 में स्वतंत्र पर्यावरण एवं वन मंत्रालय का गठन हुआ। भारत में पर्यावरण संरक्षण हेतु लगभग 200 कानून बनाए गए।

23 मई, 1986 को भारतीय संसद ने पर्यावरण संरक्षक व सुधार अधिनियम को पारित किया और देश भर में लागू किया। इन नियमों से उद्योग-धंधों के अवशिष्टों से होने वाले प्रदूषण से काफी हद तक छुटकारा मिला।

जुलाई, 1986 से ही मंत्रालय द्वारा राष्ट्रीय पर्यावरण चेतना कार्यक्रम चलाया जा रहा है। इस अभियान के क्रम में प्रतिवर्ष 19 नवंबर से 18 दिसंबर तक राष्ट्रीय पर्यावरण मास मनाया जाता है।

गंगा नदी को पवित्र बनाने के लिए विशाल कार्यक्रम बनाया गया है, जिसमें लगभग 261 योजनाएं हैं।

चेतना जागरण हो रहा है। प्रकृति से आत्मीय संबंधों की कड़ी से जोड़ने का प्रयास किया जा रहा है। समूचे विश्व के पर्यावरणविद इस महती अभियान में जुटे हुए हैं–किन्तु पहल हमें ही करनी होगी। यह प्रदूषण हमारे ही घरों से फैला है। यदि हम में इतने सशक्त पर्यावरण को प्रदूषित करने की शक्ति है तो निश्चय ही उसे सुधारने में भी हम ही सक्षम हैं, ऐसा मेरा विश्वास है।

❑❑

प्रकृति से अंतरंगता और आनन्द

भारतीय संस्कृति सदैव प्रकृति को मातृरूप में पूजती आई है। माता का स्थान देवी-देवताओं से भी ऊपर है। इस प्रवृत्ति को पोषण दिया है—भारतीय परिवार संस्था ने। परिवार और प्रकृति का नाता अभिन्न है।

परिवार में ही बालक अपने पेड़-पौधों, पशु-पक्षियों, आस-पास के वातावरण से नेह की भूमिका संजोता है। परिवार, सामंजस्य, सही संतुलन, उचित निर्णय क्षमता, और स्वस्थ दृष्टि की नींव डालता है।

यही संस्कार पर्यावरण से अनुराग उत्पन्न करते हैं। दादी मां या ताई के हाथ से बने व्यंजन हों या ऋतु पर्वों पर निभाए गए रस्मो-रिवाज, आंगन के नीम तले झूले की पेंग हो या संध्या समय अकारण फूल ताड़ने की सज़ा, कुछ भी तो नहीं भूलता।

संस्कारित परिवार प्रकृति प्रेमी होते हैं। वे प्रकृति रूपी मां को दुत्कारते नहीं। शस्य-श्यामला धरती का पूजन करने के पश्चात् ही हल जोता जाता है।

हम भी संगी-साथी हैं:

बचपन में मेरे घर के समीप ही बहुत बड़ा पेड़ था। दादी मां उसी वृक्ष के नीचे खटिया डालकर बैठ जातीं। हमारे चारों ओर पशुओं के नन्हे-मुन्हे निर्भय विचरण करते। नन्हा खरगोश, गिलहरी, भूरी गाय का बछड़ा, मुनमुन मेमना और मुर्गियों के चूज़े। इन सब के साथ खेलते- खेलते दिन जाने कब बीत जाता। अब हाल यह है कि एक घंटा भी बिजली चली जाए तो हाय-तौबा मच जाती है।

बच्चे दूरदर्शनी संस्कृति और केबल टी. वी. की दिनचर्या से इस कदर बंध गए हैं कि खाने का समय तो इधर-उधर हो जाता है पर धारावाहिक नहीं छूटना चाहिए। अन्यथा अगले दिन स्कूल में हेठी होगी। जब कोई सहेली दिल पर हाथ रख कर कहेगी—"हाय मनीषा! कितनी सुन्दर लग रही थी!" तो ऐसे में बगलें झांकने के सिवा कोई चारा नहीं बचेगा।

कितने स्कूली बच्चे ऐसे हैं जिन्होंने चिड़िया खरगोश, तोता, मुर्गा, कबूतर, गिलहरी, मृग शावक को केवल चिड़िया घर में ही देखा है।

खरगोश की गुलाबी देह को गोद में लेकर दुलारने का सुख वे नहीं जानते। पालतू पशुओं के नाम पर पाले भी जाते हैं तो केवल भीमकाय कुत्ते, जिन पर विदेशी ब्रीड की मुहर होना आवश्यक है। वे कुत्ते एक प्रकार की हिंसक प्रवृत्ति के पोषक होते हैं, जिनसे नैसर्गिक स्नेह की प्राप्ति कठिन है। यदि उन्हें उचित समय पर मांसाहार न मिले तो वे सामने खड़े किसी भी व्यक्ति को नोंच खाने मे विलम्ब नहीं करते।

निरंतर गिरते जा रहे मूल्यों की रोकथाम में हमें ही अहम् भूमिका अदा करनी होगी। घर में पशु-पक्षी पाले। बच्चों को उनकी देखभाल का कार्य सौंपें। कच्ची मिट्टी में लगे पौधे और नन्हे खरगोश की साज-संभाल निश्चय ही उन्हें बहुत भाएगी।

साथ ही यह भी ध्यान रहे कि पालतू पशुओं के बाड़े कचरे और गंदगी का ढेर न बन जाएं। पिंजरे का तोता सुबह-सुबह मियां-मिट्ठू की गुहार मचाए तो उसके पिंजरे से बदबू न आए।

यदि दुधारू पशु रखें तो निरंतर मल-मूत्र साफ करवाएं। गंदगी और कीटाणू अपना स्थान न बना सकें, इसका उचित उपाय किया जाए। मूक पशु केवल भाषा

नहीं जानते लेकिन वे संकेतों के माध्यम से अपने विचारों को व्यक्त अवश्य करते हैं। आप उनके मन की भाषा जानें। पशुओं से लाभ उठाना तो सभी जानते हैं, किन्तु आप उनसे प्रेम का नाता भी जोड़ेंगे तो यह एक और सराहनीय कदम होगा।

हम पर्यावरण के लिये उपयोगी :

चीं-चीं, टें-टें, टर्र-टर्र, काएं-काएं का शोर मचाते, हमारे आस-पास मंडराते गौरेया, चील, गिद्ध, कोयल, बुलबुल, मैना आदि सभी पक्षी हमारे काम के हैं। विधाता ने सृष्टि में एक भी कण अकारण नहीं बनाया। अगर हाथी के विशालकाय शरीर में असीम बल है तो छोटी-सी चींटी भी अक्ल रखती है। दोनों अपने-अपने क्षेत्रों में मज़े से जीवन-यापन करते हैं। दोनों अपने-अपने स्थान पर महत्त्वपूर्ण हैं।

प्रत्येक पक्षी अपने लिए निर्धारित कर्तव्यों की पूर्ति में जुटा रहता है। गिद्ध मृत पशु-पक्षियों को खाकर पर्यावरण को दूषित और दुर्गंधमय होने से बचाता है।

पक्षी कीड़-मकोड़े खाकर खेती की रक्षा करते हैं, किन्तु उनकी इस प्राकृतिक क्रिया को बाधित करने में भी मानव ने कोई कसर नहीं छोड़ी।

उसने दावा किया कि चिड़िया, बुलबुल, गौरेया आदि की कोई आवश्यकता नहीं रही। हमारे पास कीड़े मारने की रसायनिक दवाइयां हैं। कीड़े भी कम चालाक न थे। उन्होंने हर प्रकार की दवाई से बचने की प्रतिशोधक क्षमता उत्पन्न कर ली। परिणाम क्या रहा? वह रसायन निर्दोष पक्षियों का शिकार करने लगे। फसलों के ज़रिए मनुष्य के पेट में पहुंचकर अनेक रोग उत्पन्न कर दिए।

लुप्त हो गए दुर्लभ पक्षी :

मनुष्य ने अनजाने में पक्षी-जगत को गहरी ठेस पहुंचाई। वह भूल गया कि अपने महल-दोमहले बनाने की चाह में वह प्यारे-प्यारे पक्षियों के घर तोड़ रहा है। औद्योगिकीकरण की बाढ़ में जाने कितने वनों का सफाया हुआ! पक्षियों की बहुत-सी जातियों ने स्थान-परिवर्तन का दंश झेला। कुछ तो स्वयं को नये वातावरण में ढाल गईं परन्तु कुछ जातियां सदा के लिए खो गईं। ईश्वर के बनाए सुन्दर रंग-बिरंगे पक्षियों को हमने स्वयं ही मौत की नींद सुला दिया। जब आंख खुली तो बहुत देर हो चुकी थी।

मारिशस द्वीप में कबूतर जाति का पक्षी 'डोडो' हुआ करता था। मनुष्य ने उसके कमज़ोर डैनों का लाभ उठाया और अंधाधुंध शिकार करना आरंभ कर दिया। निरीह डोडो अपना दुखड़ा रोता भी तो किसके आगे? स्वार्थ में लिप्त सभी चोर मौसेरे भाई होते हैं।

कुछ ही वर्षों में पक्षी विशेषज्ञों ने घोषणा कर दी कि डोडो की जाति नष्ट हो गई। यह दुःख अभी काफी न था कि एक और विस्मयकारी तथ्य सामने आया। इस पक्षी के जीवन के साथ-साथ एक प्रकार के वृक्ष के जीवन-मरण का प्रश्न भी जुड़ा था। इस वृक्ष के फल डोडो के पेट में पाचन अम्लों के प्रभाव से नरम पड़ जाते। फिर बीट के साथ नरम बीज धरती पर गिरते और अनुकूल परिस्थिति पाकर उग जाते।

जब डोडो ही न रहा तो वह फल कौन खाता? कुछ ही समय में उस पेड़ की जाति भी समाप्त हो गई।

डोडो और उक्त वृक्ष का उदाहरण यह मानने को विवश कर देता है कि ईश्वर ने सभी प्राणियों को एक अदृश्य सूत्र से बांध रखा है।

ज़रा सोचिये, इस पक्षी के विषय में तो पता लग गया लेकिन और भी जाने कितने पशु-पक्षी, वृक्ष और प्राकृतिक उपहार हैं, जो हम अपनी नादानी से नष्ट करते जा रहे हैं। पहाड़ी बटेर हो या लाल सिर वाली बत्तख, सभी को जीवित रहने का अधिकार था। हमें क्या हक था कि हमने अपनी चटोरी जिव्हा को शान्त करने के लिए उनका वध किया? क्या हम अपनी तामसिक वृत्तियों पर अंकुश नहीं साध सकते?

शाकाहारी बनें :

भारतीय विचारधारा ने सदैव शाकाहार पर बल दिया है। भोजन में दूध, दही, घी का महत्त्व तो कई स्थानों पर वर्णित है मगर किसी भी ऋषि ने नहीं लिखा कि मांस खाते समय बकरे के अथवा मुर्गे के शरीर का कौन-सा अंग अधिक पुष्टिकारक है।

सात्विकता ही पूर्वी सभ्यता का महान लक्षण रही है। शायद यही कारण है कि पश्चिमी देशों के लोग आज भी भारत की संस्कृति के अध्ययन को खिंचे चले आते हैं। उन लोगों ने मांसाहार और शाकाहार के मूलभूत भेद को जान लिया है। पौष्टिक-पौष्टिक की गुहार लगाते-लगाते वे जिस ओर भाग रहे थे, वहां की अंधी खाई के साक्षात दर्शन पाते ही वे लौटने लगे हैं। उन्हें पता लग चुका है कि अनाज, फल और दूध के सेवन से भी उसी मात्रा में पौष्टिकता पाई जा सकती है।

वहीं दूसरी ओर हम हैं, खुशी का अवसर हाथ आते ही कसाई की दुकान तक दौड़े चले जाते हैं। संयुक्त परिवार में माताएं, बहनें, पिता, पुरुष एक साथ मिलकर हड्डियां चिंचोड़ते हैं। यदि ऐसे पशुवत आचरण के पश्चात आप स्वयं को मानव कहने का ढोंग रचते हैं, तो यह सरासर गलत है।

ऐसे में कुछ कुतर्की तर्क देते हैं कि यदि हमने उन पशुओं को न खाया तो एक दिन इनकी बढ़ती संख्या हमें ही खा जाएगी।

उनके लिए मेरे पास उत्तर है कि विधाता के किसी भी कार्य में त्रुटि नहीं होती। उन्होंने स्वयं ही सबके जीवन-मरण की अवधि तय कर रखी है। किसी भी जीवन की अनावश्यक संख्या-वृद्धि को प्रकृति स्वयं ही संतुलित कर देती है। यदि एक क्षण को उनकी बात सत्य मान ली जाए तब तो कुत्ते आदि पशु हमें ही खा जाएं क्योंकि उन्हें हम नहीं खाते। अतः उनकी आशंका बिल्कुल निर्मूल है।

पशु-पक्षियों का पर्यावरण से गहरा संबंध है। उन्हें मारकर यह आत्मीय संबंध न तोड़ें। शाकाहारी बनें और सद्वृत्तियां अपनाएं।

बहिष्कार :

चमड़े से बनी वस्तुएं, मुलायम फर के कोट और टोपियां, मुलायम बालों के दस्ताने, कस्तूरी आदि वस्तुएं उच्चवर्गीय मानसिकता की परिचायक अवश्य हैं लेकिन इनके पीछे कितने पशु-पक्षियों का मूक क्रंदन छिपा है, यह कोई जानना नहीं चाहता।

मामला चाहे झूठी शान का हो या स्वाद का, बहादुरी के अनावश्यक प्रदर्शन का हो या आवश्यकता का, बलि पर पशु-पक्षी ही चढ़ते हैं।

क्रूर तस्कर भोले-भाले वन्य जीवों को मारकर उनके चर्म ऊंचे दामों पर बेचते हैं। गैंडे के सींग तथा हाथी दाँत की बढ़ती मांग उनकी अकाल मृत्यु का कारण बनती है।

शहरों के सर्कस में रिंग मास्टर के संकेत पर नाचते वनराज को देखती हूं तो मन रो उठता है। ज़रा कल्पना कर देखें उस पल की जब जानवरों के राज में मनुष्य को उसी तरह नचाया जाएगा तो उसे कैसा लगेगा?

हाथियों की कतारें जब मंच पर देवता की आरती उतारती हैं और फुटबाल का मैच खेलती हैं, तो खिलखिलाते दर्शक उनके दुखते शरीरों के घाव और अश्रुपूरित नेत्र नहीं देख पाते। क्या इसी का नाम मानवता है? क्या इसी आचरण के बल पर हमें संसार के सर्वश्रेष्ठ प्राणी कहा गया है?

नहीं, कदापि नहीं। जो दूसरों के दुःख से विगलित न हो सके, वह और चाहे जो भी हो, मनुष्य कदापि नहीं हो सकता।

हमें उन सभी वस्तुओं का परित्याग कर देना चाहिए जिनके लिए निर्दोष प्राणियों की हत्या होती है। प्रकृति के अभिन्न अंग पशु-पक्षी भी उतनी ही स्वतंत्र सत्ता और अस्तित्व रखते हैं, जितनी मनुष्य रखता है। बस, यही एक तथ्य स्मरण रहे तो बहुत से पाप धरती पर घट जाएं।

प्रकृति से अंतरंगता :

प्राचीन काल से ही प्रकृति मानव की अंतरंग रही है। कालिदास की शकुन्तला पतिगृह जाने को तैयार है। विदा के उन क्षणों में ऋषि कण्व कहते हैं–

भोः भोः सन्निहितदेवतास्तपो वनतरवः
पातुं न प्रथमं व्यवस्यति जलं युष्मास्वपीतेषु या
नादत्ते प्रियमण्डनापि भवतां स्नेहेन या पल्लवम्।
आद्ये तः कुसुमप्रसूति समये यस्या भण्त्युत्सवः
सेयं याति शकुन्तला पतिगृहं सर्वैरिनुज्ञायताम्।।

"जो तुम्हें पिलाए बिना स्वयं जल नहीं पीती थी, आभूषण पहनने का प्रेम होने पर भी जो स्नेहवश तुम्हारे कोमल पत्तों को नहीं तोड़ती थी, तुम्हारी नई कली देखकर जो आनन्द विभोर हो जाती थी, वही शकुन्तला आज अपने पति के घर जा रही है। तुम सभी उसे विदा दो।"

कैसा मार्मिक चित्रण है! शकुन्तला के आत्मीय हैं फूल, पत्ते और वृक्ष। उन्हें सींचे बिना वह जल नहीं पीती। वन ज्योत्सना लता को वह सगी बहन सा स्नेह देती है। आसन्नप्रसवा हिरणी के नवागत शिशु की चिंता भी उसे सताती है। उसके वियोग में तपोवन उदास हो जाता है। इन पंक्तियों में प्रकृति और मनुष्य का ऐसा रिश्ता उभरता है, जिसकी कल्पना भी पश्चिमवासियों की सोच से परे है।

सीता माता का हरण हुआ। राम और लक्ष्मण की अनुपस्थिति में वन-प्रान्तर ही उस कुकृत्य के साक्षी बने। राम अधीर होकर वृक्षों से पूछते हैं, पक्षियों से, हिरणों से, भौंरों से, सभी से सीता का पता पूछते हैं।

हे खग, मृग, हे मधुकर प्रेमी, तुमने देखी सीता मृगनयनी?

कैसी दारुण व्यथा है इन शब्दों में! कितना अपनत्व है राम और वन-वृक्षों के बीच! एक-एक फूल, पत्ता, कली, मानो हाथ बढ़ाकर व्याकुल राम को दिलासा देते हैं।

और तो और हमारे देवों और देवियों के वाहन भी वन में विचरने वाले पशु-पक्षी ही हैं। गणपति महाराज मूषक पर विराजते हैं। माता सरस्वती का वाहन है श्वेत हंस। धन की अधिष्ठात्री देवी लक्ष्मी का वाहन है उल्लू। भगवान विष्णु शेषनाग पर विराजे हैं। मां पार्वती सिंह की सवारी करती हैं। भोले बाबा नन्दी बैल की, इन्द्र का वाहन है हाथी, पवन देव सवार होते हैं हिरण पर, वरुण देव घड़ियाल पर, अग्निदेव मेढ़े पर और यमराज भैंसे पर सवारी करते हैं।

यहां तक कि मूर्ख शिरोमणि कहलाने वाले गर्दभ महाराज भी शीतला माता के वाहन हैं। यह सभी अपने स्वामी देवों के साथ पूज्य हैं। इनके साथ हमारा स्नेह और लगाव पूर्ववत् बना रहे, शायद इसी भाव से इन्हें यह सम्मान सौंपा गया।

यदि हम अपने इष्ट शिव को पूजें और उनके वाहन बैल को अकारण सताएं तो यह विरोधाभास अन्यायपूर्ण होगा।

पर्व-त्योहार और पर्यावरण :

अधिकांश भारतीय पर्व प्रकृति की कोख से ही जन्मे हैं। एक-एक पर्व यह स्मरण दिलाता है कि ऋतु में परिवर्तन आया है। शरद पूर्णिमा की रात को चन्द्रकिरणें अमृत वर्षा करती हैं। उस रात ताजमहल देखने की प्रतीक्षा सभी के हृदय में संचित रहती है, क्योंकि दूधिया छटा में वह प्रेम-स्मारक अपनी आभा को द्विगुणित कर आभामंडित हो उठता है।

चांदनी में भीगी खीर का स्वाद केवल खाने वाला ही जान सकता है। बसंत पंचमी संकेत देती है नव उल्लास और चेतना का—चारों ओर पीला रंग अनुपम छटा बिखेरता जान पड़ता है।

लोहड़ी के अग्नि-पुंज में अनेक रोगों के कीटाणु जल कर खाक हो जाते हैं और अग्निदेव प्रसन्न होकर धरती मां के चरण छूते हैं।

शीतला अष्टमी शीतलता का संदेश देती है। इस दिन जल की शुद्धता पर विशेष बल दिया जाता है। सुपाच्य, पौष्टिक व्यंजन इस पर्व की खासियत हैं।

तीज का त्योहार हो और गणगौर पूजन न हो—भला यह भी कोई बात हुई! गांव हो या शहर, विवाहित एवं अविवाहित स्त्रियां इस दिन अपनी उम्र भुलाकर बाबुल के आंगन में झूला झूलती लाडो बन जाती हैं।

दीपों के पर्व दीपावली को ही लें। कार्तिक मास की अमावस्या, झिलमिल दीपों के प्रकाश में जगमगा उठती है। घर-घर सफाई अभियान चलता है। पर्यावरण स्वच्छ दिखाई देने लगता है। अल्पना, रंगोली, नई पोशाकें, सुस्वादु व्यंजन, तिस पर पकी हुई फसलें, मन का उल्लास खिल उठता है।

परन्तु अफसोस! पर्यावरण शुद्ध करने वाला यह पर्व भी भौतिकवाद की तीखी कटार पर चल पड़ा है। घर की सफाई हो या सफेदी, हमारी गृहणियां दरवज़े के बाहर कूड़े का ढेर लगा देती हैं।

करीब पंद्रह दिन पूर्व ही धूम-धड़ाम की तीखी आवाज़ सुनाई देने लगती है। हवा को सूंघ कर आसानी से अनुमान लगाया जा सकता है कि त्योहार आने में कितने दिन

शेष हैं, क्योंकि दीपावली आते-आते हवा में ऐसा ज़हर घुल जाता है, जो रोगियों को बेदम और स्वस्थ व्यक्ति को बेहाल कर देता है।

बारूद और रासायनिक तत्वों के मिश्रण से बने पटाखे पर्यावरण को विषाक्त कर देते हैं। इन्हीं दिनों हमें वह नज़ारा देखने को मिलता है जो कि हमारे मानसिक प्रदूषण का परिचायक है। जो पटाखे हम खरीदते हैं, वे सब बाल मज़दूरों द्वारा बहुत कम मज़दूरी देकर बनवाए जाते हैं। विवशतावश वे जाने-अनजाने बहुत से विषैले पदार्थ अपनी सांस के साथ भीतर ले जाते हैं। जिन बच्चों के हाथ में पुस्तकें होनी चाहिएं वे हस्पतालों की कतारों में पर्ची थामे खड़े दिखाई देते हैं।

क्या हम इस विकराल प्रथा को रोक नहीं सकते? क्या पुनः उसी सादगी से परिपूर्ण प्रथा को नहीं अपनाया जा सकता? क्या हम घर से निकले कूड़े के ढेर को यथास्थान नहीं रख सकते? क्या हम त्योहारों के दिन तेज़ शोर-शराबे से भरे संगीत को बंद नहीं कर सकते? क्या हम पर्व के मूल में छिपी भावना से अपनी नई पीढ़ी को अवगत नहीं करा सकते?

यदि इन सब प्रश्नों का उत्तर आपने 'हां' में दिया है, तो मेरा संपूर्ण विश्वास है कि आपने प्रदूषण रहित धरती की ओर पहला कदम बढ़ा दिया है।

❑❑

जल-प्रदूषण और पर्यावरण की पुकार

जल ही जीवन है। उसके बिना मानव जीवन के अस्तित्व की कल्पना भी नहीं की जा सकती। प्रकृति ने वर्षा, सागर, नदियां, तालाब और कुएं आदि स्रोत प्रदान किये ताकि धरती पर जल की मात्रा बनी रहे। धरती का दो तिहाई भाग जलमग्न है। वैज्ञानिकों के अनुसार पृथ्वी पर पहला जीव जल में ही उत्पन्न हुआ। मानव शरीर में लगभग सत्तर प्रतिशत भाग जल है। साग-सब्ज़ियों तथा अन्य जीवों में भी जल की मात्रा पाई जाती है।

इतिहास गवाह है कि अधिकांश आदि सभ्यताओं ने नदियों के किनारे डेरा डाला। हमारे पूर्वज जल की महत्ता को भली-भांति जानते थे। नदियों को देवी मानकर पूजा जाता था और आज भी पूजा जाता है।

मनुस्मृति कहती है–

नाप्सु मूत्रं पुरीषं वा स्टोवनं समुत्सृजेत।
अमेध्यलिप्तमन्यद्वा लोहितं वा विषाणि वा।।

अर्थात्–जल में मल-मूत्र, थूक, अथवा अन्य दूषित पदार्थ, रक्त या विष का विसर्जन न करें।

इस श्लोक से भली-भांति समझा जा सकता है कि जल को स्वच्छ और निर्मल बनाए रखने के लिए नियमों का कठोरता से पालन किया जाता था। समय बदलता गया। प्राचीन धारणाएं और मान्यताएं आधुनिक युग तक आते-आते केवल शब्द-जाल मात्र रह गईं। बढ़ती जनसंख्या और उनकी आवश्यकताओं ने सभी मर्यादाओं को ताक पर रख दिया और परिणाम सामने है। आज हम शुद्ध पेयजल को तरसते हैं।

पृथ्वी पर केवल 0.3 प्रतिशत जल ही शुद्ध है किन्तु हम आंखें मूंदे निरंतर उस जल का दुरुपयोग कर रहे हैं। हमें जल साधनों को उचित प्रकार से उपयोग करना नहीं आता। कहीं हाथ- मुंह धोने में ही बाल्टी भर पानी व्यर्थ हो जाता है, तो कहीं मानव और पशु-पक्षी बूंद-बूंद जल को तरसते हैं।

शुद्ध पानी रंग, स्वाद और गंध रहित होता है। इस तरल पदार्थ को ठोस, द्रव और गैस तीनों रूपों में रखा जा सकता है। पानी में बहुत अधिक घुलनशीलता पाई जाती है। यह नदियों और सागरों के किनारे खड़ी मजबूत चट्टानों को अपनी लहरों की मार से तोड़ कर अपने में मिला लेता है।

पौधों तक पोषण तत्व पहुंचाने में भी इसकी महत्त्वपूर्ण भूमिका है। इसी गुण के चलते यह अनेक प्रदूषकों को भी अपने भीतर संजो लेता है जो पानी को पीने योग्य नहीं रहने देते। इस प्रदूषित जल को ग्रहण करने से हम पीलिया, टाइफाइड और हैज़ा के कीटाणुओं को खुला आमंत्रण दे देते हैं। पेचिस, अतिसार, सूत्र कृमि, वेल्स रोग, गोल कृमि, पैराटाइफाइड आदि रोगों का मुख्य कारण प्रदूषित जल ही है।

सन् 1849 में लंदन की टेम्स नदी के प्रदूषित जल ने लगभग बीस हज़ार व्यक्तियों को हैज़े का शिकार बना दिया था। भारत में तो जल प्रदूषण के कारण होने वाली मौतें कोई नई बात नहीं है। लापरवाही, अशिक्षा और अज्ञानता के कारण हम जानबूझ कर प्रदूषक तत्वों से भरे जल को पीते हैं और रोग-ग्रस्त होते हैं।

पश्चिमी देशों में स्वच्छ और शुद्ध पेयजल व्यवस्था पर विशेष रूप से बल दिया जाता है। वहां की सरकार और जनता के सम्मिलत प्रयासों के कारण पीने का साफ पानी उपलब्ध होता है। एक पुरानी कहावत है कि–

'पानी पीजो छान के, गुरु कीजो जान के.....'

अर्थात पीने के लिए पानी को छान कर ही प्रयोग में लाना चाहिए ताकि अनेक सूक्ष्म कीटाणुओं से बचा जा सके।

जल की महिमा का अनुमान आप साहित्य में वर्णित कहावतों और किंवदंतियों के बल पर आसानी से लगा सकते हैं, जैसे मुंह में पानी आना, पानी पी-पी के कोसना, बिन पानी सब सून, आंख का पानी मरना, अच्छों-अच्छों को पानी पिलाना, आदि।

जब हम जल की बात करते हैं तो यह कहने की आवश्यकता नहीं पड़ती कि यह प्रकृति की बहुमूल्य देन है। आदिकाल से ही मानव की संपूर्ण आवश्यकताओं को पूरा करने वाला जल भी, लापरवाही के कारण दुर्लभ होता जा रहा है। वह दिन भी दूर नहीं जब हम भारी कीमत चुका कर पेयजल खरीदेंगे।

यूं तो ईश्वर ने जल को स्वयं ही शुद्धिकरण की क्षमता दी है, किन्तु मानव जनित प्रदूषकों से पार पाना उसके वश की बात नहीं है।

श्री पी. विवयर कहते हैं–

"प्राकृतिक या मानव जनित कारणों से जल की गुणवत्ता में ऐसे परिवर्तनों को प्रदूषण कहा जाता है, जो आहार, मानव और जानवरों के स्वास्थ्य, कृषि, मत्स्य या आमोद-प्रमोद के लिए अनुपयुक्त या खतरनाक होते हैं।"

जल-प्रदूषण के कारण :

नदियों, तालाबों और जलाशयों में व्यक्ति नहाते समय साबुन अथवा डिटर्जेंट का प्रयोग करते हैं। साबुनयुक्त जल से प्रदूषण होता है।

सदियों से धार्मिक जल-सरोवरों और तालाबों में पवित्र दिनों में स्नान करते आ रहे हैं। जनसंख्या की वृद्धि के कारण , उन दिनों उक्त स्थानों का प्रदूषण भी बढ़ जाता है।

कूड़ा-करकट अक्सर नदियों के ही हवाले किया जाता है। नदियों से ही नगरों में पेयजल दिया जाता है, यद्यपि इस जल को शुद्धिकरण के पश्चात ही उपयोग में लाया जाता है किन्तु गंदगी की कुछ न कुछ मात्रा उसमें अवश्य रह जाती है। यही दूषित जल अच्छे-खासे मनुष्य को अस्पताल पहुंचा देता है।

नगरों और गांवों में शौचालयों के अभाव में मल-मूत्र विसर्जन के कारण भी जल प्रदूषण होता है।

कारखानों के अपशिष्ट पदार्थों का जल विसर्जन भी जल प्रदूषण का प्रमुख कारण है। यह अपशिष्ट पदार्थ विषैले रसायनों, तेल, ग्रीस और धात्विक पदार्थों से निर्मित होते हैं। इनके पानी में घुलते ही विषैला प्रभाव उत्पन्न होता है।

सरकार द्वारा इस दिशा में कई कानून बनाए जाने पर भी इस प्रक्रिया को रोका नहीं जा सका है। इसी समस्या के कारण नदियों का मंगलकारी परिवेश दूषित हो गया है।

समुद्रों में खुदाई और दुर्घटनाओं के कारण भी जल में तेल का विस्तार होता है, जिसके कारण समुद्री जल प्रदूषण का शिकार हो जाता है।

शवों और मृत जानवरों की लाशें जल में विसर्जन करने से भी जल प्रदूषित होता है। कहीं-कहीं तो पालतू जानवरों का स्नान और मल-विसर्जन भी जल प्रदूषण का प्रमुख कारण बन जाता है।

कृषि क्षेत्रों में भांति-भांति के उर्वरकों, कीटनाशी, रोगनाशी और कृत्रिम रसायनों का प्रयोग भी कम हानिकारक नहीं है। ये सभी पदार्थ खेत की मिट्टी में एकाकार हो जाते हैं। वर्षा के समय ये पानी में घुल जाते हैं और झीलों, तालाबों तथा नदियों तक जा पहुंचते हैं। इस तरह जल का संपूर्ण तंत्र प्रदूषित हो जाता है। रसायन का भूमिगत रिसाव भी जल प्रदूषण फैलाता है। रेडियो सक्रिय पदार्थ, आण्विक और नाभिकीय ऊर्जा के प्रयोग से उत्पन्न होते हैं। यह भी प्रदूषण का एक कारण है।

परमाणु विद्युत केंद्रो में विद्युत निर्माण के लिए पानी को उच्च तापमान तक गर्म किया जाता है। जब यही पानी नदियों और सागरों की भेंट चढ़ता है, तो उष्णीय प्रदूषण उत्पन्न होता है और जल-तापमान में असंतुलन आ जाता है। परिणामस्वरूप जल में रहने वाले निरीह जीव मारे जाते हैं।

नदियों में जले शवों की गंदगी बहाई जाती है। शवदाह गृहों से प्रचुर मात्रा में गंदगी फेंकने के कारण नदियों का पानी प्रदूषित हो जाता है। ज़मीन के अंदर बिछे गंदे पानी के पाइपों से पानी रिस-रिस कर भूमिगत जल को खराब कर देता है। भूस्खलन, मृदा अपरदन भी जल प्रदूषण के कारण हैं। मृदा अपरदन से नदियां और झीलें गंदलेपन का शिकार हो जाती हैं। भूस्खलन के कारण जल में मलबा भर जाता है। धरती के नीचे बने तेल के पाइपों से भी तेल रिस-रिस कर जल को प्रदूषित करता है।

जल-प्रदूषण से उपजते रोग :

जल ही हमारे शरीर को अनेक पोषक तत्व प्रदान करता है। यह शरीर की कोशिकाओं में क्रियाओं-अभिक्रियाओं का नियमन करता है। किन्तु यही पानी प्रदूषण-युक्त हो जाए तो इसका रोगी पानी भी नहीं मांगता।

भारत एक गर्म देश है। यहां के निवासियों को अन्य स्थानों की अपेक्षा शुद्ध पेयजल की कहीं ज़्यादा आवश्यकता है, क्योंकि पसीना अधिक आने के कारण, शरीर से काफी मात्रा में पानी निकल जाता है।

भारतीय प्रायः जल साधनों का समुचित उपयोग करना नहीं जानते। एक ही तालाब में पेयजल, स्नान, पशुओं को नहलाने और कपड़े धोने की व्यवस्था होती है और खुला निमंत्रण मिलता है भयंकर रोगों को। वर्षा के दिनों में तो जल प्रदूषण महामारी के रूप में फैल जाता है। पिछले कुछ वर्षों में इस प्रदूषण की चपेट में आए मृत, विकलांग और भौंडे व्यक्तियों का हिसाब-किताब रखना भी हमारे बस के बाहर है।

देश के कुछ भागों में फ्लोराइड युक्त पानी पीने वाले लोगों में हड्डियों की कुरूपता और दाँत संबंधी बीमारियां हो जाती हैं।

कीटाणुओं की अनेक प्रजातियां प्रदूषित जल में जीवन पाती हैं और आंत्र ज्वर की वाहक बनती हैं।

गंदे और ठहरे पानी में मच्छरों के कारण फैलने वाले मलेरिया रोग की भयावहता से आप भी सुपरिचित हैं। गंदे पानी में स्नान करने से त्वचा का कैंसर, दाद, खुजली आदि चर्म रोग उत्पन्न हो जाते हैं।

इनमें से कई चर्म रोग तो ऐसे चिपकू होते हैं, जो आजीवन चिकित्सा कराने पर भी पीछा नहीं छोड़ते और अवसर पाते ही पुनः डेरा डाल लेते हैं।

प्रदूषित जल के कारण कई स्थानों पर नारू रोग फैल जाता है। इस दुखन, सूजन और कष्ट को वही अनुभव कर सकता है, जिस पर यह यंत्रणा बीतती है। कई बार तो रोगी की जान तक चली जाती है या फिर विकलांग के रूप में जीवन यापन करना पड़ता है।

जल में उपस्थित जस्ता, टिन, मैगनीज़, तांबा, सीसा आदि धातुओं से कैंसर, मस्तिष्क विकार और श्वास रोग आदि उत्पन्न होते हैं।

प्रदूषित जल के कीटाणु पाचन-तंत्र को बिगाड़ देते हैं। भारत में लगभग 40 प्रतिशत लोगों की मृत्यु का कारण जल प्रदूषण ही होता है।

नन्हे-मुन्हे बच्चों को इसके दुष्प्रभावों का अधिक सामना करना पड़ता है। वे शरीर में पानी की कमी से पीड़ित हो जाते हैं। चेहरा पीला पड़ जाता है और आंखें भीतर धंस जाती हैं चमड़ी की सामान्य लचक भी कम हो जाती है।

यदि खारे पानी को उबाले और छाने बिना पिया जाए तो वह भी नुक्सान पहुंचा सकता है। हैज़ा, पीलिया, उल्टी, टाइफाइड, दस्त आदि रोग प्रदूषित जल के माध्यम से ही हम तक पहुंचते हैं। विश्व स्वास्थ्य संगठन के अनुसार प्रतिवर्ष 5 लाख बच्चे जल प्रदूषण के शिकार होते हैं।

मनुष्यों के अलावा जलीय पौधे और जीव-जन्तु भी विषाक्त रसायनों के प्रभाव से अपनी जान गंवा बैठते हैं। जल के विषैलेपन के कारण पौधों की वृद्धि पर प्रतिकूल प्रभाव पड़ता है।

जल में रहने वाली मछलियां प्रदूषित जल के कारण विषयुक्त हो जाती हैं। जब उन मछलियों को मानव भोजन के रूप में उपयोग करता है तो वह विष उस तक भी जा पहुंचता है।

मिट्टी की उर्वता कम करने में भी इसी प्रदूषित जल का हाथ है। मृदा में रहने वाले उपयोगी सूक्ष्म जीव और बैक्टीरिया मारे जाते हैं और कृषि उत्पादन में कमी आ जाती है।

जलयानों से रिसनेवाला तेल, पानी में आक्सीजन को उचित प्रकार से अवशोषित नहीं होने देता जिसके कारण जलीय जीवों पर हानिकारक प्रभाव पड़ता है।

प्रदूषित जल पीने के कारण वे मूक पशु भी मारे जाते हैं, जिनकी चिकित्सा करवाने वाला कोई नहीं होता। पालतू पशुओं के ईलाज की चिंता, उसका मालिक करता है, किंतु अन्य पशु तो प्रकृति पर ही जीवित हैं। यदि हम उनकी पालक मां के साथ अत्याचार करेंगे तो वे अनाथ कहां जाएंगे?

जीवन के आधार जल को प्रलयंकारी प्रदूषण से बचाने के लिए कतिपय उपाय आवश्यक हैं। पानी की मात्रा और गुणवत्ता में क्रमशः ह्रास के लिए हम ही उत्तरदायी हैं। किसी भी वस्तु की प्रचुर मात्रा में उपलब्धि इस बात की गारंटी नहीं देती कि वह हमें सदैव इसी प्रकार मिलती रहेगी। अतः इस वस्तु का सीमित और आवश्यक प्रयोग ही श्रेयस्कर है। कहा भी तो है कि–

अति सर्वत्र वर्जयेत।

किसी भी काम की अति बुरी होती है। जल जैसी नियामत से खिलवाड़ करने की सज़ा तो भुगतनी ही होगी और सही मायनों में हम भुगत भी रहे हैं। आनेवाली पीढ़ी को इन रोगों और समस्याओं से दो-चार न होना पड़े इसके लिए हमें ही प्रबंध करना होगा। नगरपालिकाएं सीवर संशोधन यंत्रों की व्यवस्था करें। घरों से निकलने वाला कचरा उपयुक्त स्थान पर ही फेंका जाए, दोषी व्यक्ति दंडित हों।

शौचालयों का निर्माण व्यापक पैमाने पर हो ताकि मल-मूत्र विसर्जन जल को प्रदूषित न कर सके।

औद्योगिक इकाइयां अपशिष्ट पदार्थों के निपटान को संशोधित किए बिना विसर्जित न करें।

शुद्ध पेयजल की आपूर्ति के लिए बेहतर फिल्टरों का प्रयोग हो। नालियों में व्यर्थ का कूड़ा-कचरा न जाने पाए। यह जाम का कारण बन सकता है, जिससे वायु प्रदूषित होती है और भूमिगत जल भी अशुद्ध हो जाता है।

पीने का पानी उबालकर ही पिया जाए। लगभग दस मिनट तक उबालने से पानी के सभी कीटाणु नष्ट हो जाते हैं। यदि उबालने की सुविधा न हो तो क्लोरीन की गोलियां, पोटेशियम परमैंगनेट, ब्लीचिंग पाउडर, चूने का मिश्रण और फिटकरी आदि का प्रयोग भी किया जा सकता है।

मृतक पशुओं को जलाशय में विसर्जित न करने दिया जाए। जल का समझदारी से उपयोग हो ताकि जल व्यर्थ न जाए। ट्रीटमेंट प्लांटों और सैप्टिक टैंकों द्वारा भी जल प्रदूषण को कम किया जा सकता है। पुनर्चक्रण के तरीकों से भी जल प्रदूषण को कम किया जा सकता है।

सरकार को चाहिए कि वह जल-प्रदूषण के नियंत्रण संबंधी कारगर और कठोर नियम बनाए। इन नियमों के उल्लंघनकर्ताओं को किसी भी हालत में बख्शा न जाए। आर्थिक दण्ड के साथ-साथ शारीरिक दण्ड का भी प्रावधान रखा जाए।

गैर-सरकारी संगठनों और स्वयंसेवी संस्थाओं का सहयोग भी अपेक्षित है, क्योंकि यह समस्या हमारे घरों से ही आरंभ होती है, और चलते-चलते विशाल रूप धर लेती है। जल के उचित प्रयोग के लिए जनचेतना जागरण आवश्यक है ताकि गंभीर रोगों से जूझ रही मानवता को बचाया जा सके।

केंद्रीय जल नियंत्रण अधिनियम के अंतर्गत समय-समय पर कई कानून बनाए गए हैं। वे इस प्रकार हैं–

1. **दि नार्थ इण्डिया कैनाल एवं ड्रेनेज एक्ट, 1873**
2. **दि आब्सट्रक्शन आफ फेयरवेज़ एक्ट, 1881**
3. **दि इण्डियन फिशरीज़ एक्ट, 1897**
4. **दि दामोदर वैली कारपोरेशन रैग्यूलेशन एक्ट, 1948**
5. **दि रिवर बोर्ड्स एक्ट, 1956**
6. **दि वाटर बेस एक्ट, 1977 ।**

❑❑

गंगा तेरा पानी अमृत

प्रत्येक भारतीय के लिए गंगा मात्र नदी नहीं वह दैनिक चर्या में पूजनीया रही है। वर्षों–वर्षों से यह अपने अप्रितम गुणों के कारण चर्चा में रही। अनेक धार्मिक प्रसंगों में यह सादर स्मरणीय है। औघड़ दानी शंकर इसे अपनी जटा में धारण किए हैं। यह पापियों के पापों का प्रक्षालन करती है। यह मोक्षदायिनी हैं। इसमें स्नान करके मानव जन्म-जन्मान्तर के बंधनों से मुक्त हो जाता है। मृतप्रायः व्यक्ति की गंगाजल के बिना गति नहीं, पूजा-पाठ हो अथवा कोई मांगलिक अनुष्ठान, गंगाजल की उपस्थिति अनिवार्य है।

हिमालय की गोद से आने वाली गंगा का जल स्वास्थ्यप्रद, निर्मल और स्फटिक के समान शुद्ध था। यह संपूर्ण भारतवर्ष में प्रत्येक धार्मिक व्यक्ति की आस्था का केंद्र थी। अपने जीवन में कम से कम एक बार हर-हर गंगे के उद्घोष के साथ गंगा-स्नान का अवसर कोई नहीं छोड़ता था। इसके गुण बने रहें शायद इसी लिए हमारे धर्मग्रंथों में इसे पवित्र घोषित किया गया। साथ ही इसके जल को दूषित हाने से बचाने के लिए भरसक प्रयास किए गए।

गंगा को स्वच्छ और पवित्र बनाए रखने के लिए उसमें शौच करना, आचमन करना, गंदा पानी फेंकना, पूजा के बासी फूल फेंकना, गंदे वस्त्र धोना, केश धोना, उपद्रव करना, दान ग्रहण करना, अश्लील क्रियाएं करना, अवांछनीय प्रशंसा करना, अथवा अशुद्ध मंत्रोचार, गंदे वस्त्र फेंकना, मार-पिटाई करना तथा नदी के आर-पार तैरना मना था।

गंगा पुण्यजलां प्राप्य त्रयोदश विवर्जयेत।
शौचमाचमनं सेकं निर्माल्यं मलघर्षणम्।।
गात्रंसंवाहनं क्रीड़ां प्रतिग्रहमपो रतिम्।

अन्यतीर्थरतिचैवं अन्यतीर्थप्रशंसनम्।
वस्त्रत्यागमथचातं सन्तारंच विशेषतः।।

—*ब्रह्माण्ड पुराण*

इन्हीं नियमां के पालन ने नदियों को प्रदूषण से बचाए रखा किन्तु धीरे-धीरे हम अपने सयानों का कहा भूलते गए। सच ही कहा है कि—

"आँवले का खाया और सयानों का कहा बाद में पता चलता है।"

आज जब हम देखते हैं कि अपने उद्गम स्थल से कुछ ही दूरी तय करने के बाद गंगा का पानी पीने योग्य नहीं रहता तो हमें इन वर्जनाओं का अर्थ स्पष्ट हो जाता है।

लाखों श्रद्धालु प्रतिवर्ष अपने साथ गंदगी, कचरा, मल मूत्र का उपहार गंगा मैया के लिए लाते हैं। छल-छल करती, नित रंग-रूप बदलती गंगा, बीड़ी और सिग्रेट के टुकड़े अपनाने को विवश हो जाती है। माताएं प्रेम से बैठ कर कपड़े फींचती हैं तथा सुगंधित साबुन से नदी में स्नान करती हैं।

अधजली लाशें और अस्थि-विसर्जन भी गंगा में किया जाता है। घरेलू गंदगी, मल-मूत्र और मरे हुए पशु पानी में फेंकने के कारण गंगा मैली और दुर्गंधमयी बनती जा रही है।

यह भारत के जनसंकुल राज्यों से हो कर बहती है। इसके किनारे बहुत बड़े-बड़े उद्योग स्थापित हैं। इन उद्योगों से उत्पन जहरीला मलबा निःसंकोच वरदायिनी गंगा को सौंप दिया जाता है। बहुत कम उद्योग ऐसे हैं, जहां प्रदूषक उपचार संयंत्र लगे हों। अधिकाश स्थानों पर तेज़ाब, सल्फेट, नाइट्रेट सरीखे ज़हरीले पदार्थ गंगा में बहा दिए जाते हैं।

यह मलबा गंगाजल की स्वयं शुद्धिकरण प्रक्रिया में बाधा देता है। इन प्रदूषक तत्वों से जल का तापक्रम बढ़ता जाता है जिससे आक्सीजन कम होती जाती है तथा सड़ांध पैदा करने वाले हानिकारक कीटाणुओं को खाने वाले बैक्टीरिया की संख्या कम होती जाती है।

जब पानी में गंदगी की मात्रा अधिक हो जाती है तो सूर्य के प्रकाश की अनुपस्थिति में जलीय शैवाल भी नष्ट हो जाते हैं। मछलियों को पर्याप्त मात्रा में भोजन और आक्सीजन भी नहीं मिल पाती और वे समाप्त होती जाती हैं। इसी व्यवस्था के चलते मछलियों की अनेक जातियां विलुप्त हो गई हैं। एक सर्वेक्षण के अनुसार कुछ समय पहले हरिद्वार तक हिल्सा मछली पाई जाती थी, अब यह बहुत कम संख्या में पाई जाती है।

आवश्यकता है कि इन तथ्यों को उस आम धार्मिक भारतीय जनता तक पहुंचाया जाए, जो आज भी किसी पर्व, मुहूर्त और शुभ दिन पर गंगा में डुबकी लगाने जा पहुंचती है। यदि हम गंगा को माता कहकर पुकारते हैं, तो उसकी मर्यादा का सम्मान क्यों नहीं करते? यदि प्रतिवर्ष उसे लाखों टन कचरा ही सौंपना है, तो उसे पवित्र मानने का ढोंग क्यों करते हैं?

हमें समय रहते ही चेतना होगा ताकि गंगा में बढ़ते प्रदूषण पर रोक लगाई जा सके। इसके लिए हमें कतिपय उपाय अपनाने होंगे। यथा–

1. प्रत्येक स्थान पर लाश जलाने की समुचित ईकाइयों की स्थापना की जाए।
2. अनपढ़ और सरल ग्रामीण जनता को शुद्ध पेयजल की महत्ता समझाई जाए ताकि वे अपनी धार्मिक रूढ़ियों के चलते, बासी फूल, टूटी-फूटी मूर्तियां और पूजा से बचा सामान न बहाएं।
3. कारखानों के हानिकारक रसायनों को गंगा तक न पहुंचने दिया जाए।
4. गंगा स्नान के समय श्रद्धालू साबुन और डिटर्जेंट का प्रयोग न करें।
5. नगरों का कूड़ा-करकट आदि खाद के रूप में प्रयोग किया जाए। सीवेज उपचार की ओर ध्यान दिया जाए।

6. जल-प्रदूषण फैलाने वालों को उचित दंड दिया जाए।

7. गंगा नदी के जैविक वर्णक्रम में बाधा न दी जाए।

सरकार ने भी गंगा को प्रदूषण से बचाने के लिए केंद्रीय गंगा अधिकरण की स्थापना की है। हरिद्वार में प्रतिवर्ष गंगा की सफाई का ठेका भी दिया जाता है, ताकि स्नान हेतु हर की पौड़ी के आस-पास जल साफ रहे।

उक्त उपायों के अलावा आधुनिक पीढ़ी से भी अनुरोध है कि वह हरिद्वार, ऋषिकेश, वाराणसी जैसे तीर्थ-स्थलों पर पर्यटन की दृष्टि से न जाएं। पवित्र नदी अथवा सरोवर की महानता और पवित्रता कायम रह सके इसके लिए वे सदा आग्रही रहें।

❑❑

एक नई मुसीबत : अम्ल वर्षा

संसार में विकसित देश संपूर्ण सुख-सुविधाओं से लैस हैं। प्रत्येक कार्य के लिए उनके पास मशीनें और रोबोट हैं। औद्योगिकीकरण के कारण रोजगार के अवसरों की भी कमी नहीं है। कुल मिलाकर वे लोग एक समृद्धशाली जीवन जी रहे हैं, किन्तु इस खुशहाली का गहरा मूल्य भी चुकाना पड़ा है। चहचहाती चिड़िया, हरे-भरे वृक्ष उनसे दूर चले गए हैं।

कहीं पढ़ा था कि विदेशों की चिड़ियां अपना स्वाभाविक स्वर भी भूल गई हैं। अब वे भी वाहनों के हार्न के स्वर में चहचहाती हैं।

ओज़ोन परत के दुष्प्रभाव ही काफी न थे कि अम्ल वर्षा का भूत सिर पर नाचने लगा। पहले पहल सन् 1872 में प्रसिद्ध रसायनशास्त्री राबर्ट ऐंगस स्मिथ ने इसका पता लगाया। उन्हें बरसात के पानी में अम्ल की उपस्थिति का आभास हुआ।

अध्ययनशील मस्तिष्क कारण की खोज में जुट गया और उन्होंने निष्कर्ष निकाला कि ईंधन के जलने से निकलने वाली सल्फर डाइ-आक्साइड गैस ही अम्ल का स्रोत है। अन्य पर्यावरणविदों ने भी आगामी खतरे को भांपा और वे इस प्राकृतिक विपदा से निपटने के लिए प्रयत्नरत हुए।

तेज़ाबी वर्षा आखिर किस बला का नाम है?

उद्योगों की चिमनियों से निकली गैसें, सल्फर डाइ-आक्साइड व़ नाइट्रोजन आक्साइड ही इसका प्रमुख कारक हैं। वे वायुमंडल में विद्यमान जल वाष्प के साथ मिल कर नाइट्रिक एसिड और सल्फेट आदि का निर्माण करती हैं। जब यह एसिड वर्षा के पानी के साथ मिलकर पृथ्वी पर पहुंचता है, तो तेजाबी वर्षा या अम्ल वर्षा के नाम से पुकारा जाता है।

सल्फर डाई आक्साइड गैस, विद्युत उत्पादन केंद्रों और खनिज-तेल चालित संयंत्रों से निकलती है। अपने उदगम् स्रोत से हज़ारों किलोमीटर की दूरी पर भी यह अपना प्रभाव दिखाती है।

प्राकृतिक पर्यावरण को नष्ट करने में यह अहम् भूमिका निभाती है। भारत में दिल्ली, मुम्बई, आगरा, रानीगंज, झरिया आदि स्थानों पर तेज़ाबी वर्षा उत्पन्न करने वाली गैसों की मात्रा बढ़ती जा रही है। यदि वातावरण में गैसों की बढ़ती सान्द्रता रोकी न गई तो यहां भी तेज़ाबी वर्षा हा सकती है।

अम्ल वर्षा के दुष्प्रभाव :

इसके कारण मिट्टी में अम्लीयता बढ़ जाती है और मिट्टी की उत्पादक क्षमता कम होती जाती है। अम्ल की उपस्थिति मिट्टी के पौष्टिक तत्वों का ह्रास कर देती हैं और फसलों का उत्पादन घट जाता है।

तेज़ाबी वर्षा वनों के लिए भी हानिकारक है। यह पेड़-पौधों के संश्लेषण, वृद्धि, श्वसन, जनन, आदि जैविक क्रियाओं को मंद कर देती है। परिणामस्वरूप पेड़-पौधे सूखने लगते हैं। जल प्रदूषण का खतरा भी बढ़ जाता है—क्योंकि पानी में अम्ल की अधिकता पेयजल और मत्स्यजल पर कुप्रभाव डालती है। अधिक अम्ल उत्पन्न होने के कारण मछलियों की प्रजनन क्षमता भी प्रभावित होती है।

यह वर्षा झीलों के लिए मृत्युदायी है, क्योंकि इसके कारण अनेक जलीय जीवों की मृत्यु हो जाती है। झीलों के फौना और फ्लोरा नष्ट हो जाते हैं। खड़ी फसलें भी नुकसान उठाती हैं। उनकी पत्तियां झुलस जाती हैं और कई प्रकार के रोग उत्पन्न होते हैं।

मनुष्य और पशु-पक्षियों के लिए भी तेज़ाबी वर्षा कई तरह की बीमारियों का तोहफा लाती है। आंखों में जलन, त्वचा रोग, हृदय और फेफड़े के रोग इनमें प्रमुख हैं।

वायुमंडल में व्याप्त अम्ल के कारण प्राचीन ऐतिहासिक इमारतें अपनी चमक खो रही हैं। अम्ल वर्षा के कारण टूटी, स्टेचू ऑफ लिबर्टी का उदाहरण आपके सामने है। सन् 1985 में इसकी मरम्मत करवाई गई।

संगमरमर का बना ताजमहल भी इसके प्रभाव से अछूता नहीं है। संगमरमर में कई जगह दरारें पड़ गई हैं और वह पीली होती जा रही हैं।

अनेक भवन ऐसे हैं जो अम्ल वर्षा के कारण निस्तेज पड़ते जा रहे हैं। थर्मल पावर स्टेशनों से निकली सल्फर डाइआक्साइड कहीं भी अपना प्रभाव छोड़ सकती है।

बचाव के उपाय :

- किसी भी समस्या के इलाज से बेहतर है कि वह उत्पन्न ही न हो क्योंकि 'Prevention is better than cure 'इलाज से परहेज़ बेहतर होता है।'
- तेज़ाबी वर्षा उत्पन्न करने वाली गैसों को बनने ही न दिया जाए—क्योंकि इनके वायुमंडल में घुलने से ही अम्ल वर्षा हाती है।
- कारखानों की चिमनियों के मुंह पर विशेष फिल्टर लगाए जाएं।
- संयंत्रों में ईंधन जलाने की प्रक्रिया को नियंत्रित किया जाए ताकि अम्ल प्रदूषण कम से कम हो।
- परम्परागत ईंधनों के प्रयोग पर समुचित ध्यान दिया जाए। यह प्रदूषण रहित होने के साथ-साथ सस्ते भी हैं, जैसे सौर ऊर्जा और पवन ऊर्जा आदि।
- ऐसे ईंधन प्रयोग किए जाएं जिनमें सल्फर की मात्रा न्यून हो।
- लोगों में इस समस्या के प्रति चेतना उत्पन्न की जाए ताकि वे उचित रूप से इसके निरांकरण में अपना योगदान कर सकें।
- अम्ल युक्त नदियों में चूना डाल कर, अम्लीयता को रोका जा सकता है। हालांकि यह उपाय इतना व्यावहारिक नहीं है, क्योंकि चूने का प्रयोग महंगा पड़ता है और यह स्थायी रूप से समस्या का समाधान नहीं है।

❑❑

वृक्ष हमारे चिरंतन साथी

रेत का मैदान, मैली धूप, काला आसमां
कौन थे वे लोग, जो पेड़ों को ईंधन कर गए।

क्या खूब कहा है किसी शायर ने, पेड़ ईंधन ही तो हो गए हैं। प्रकृति दोहन ने पर्यावरण को प्रत्यक्ष और परोक्ष दोनों रूपों में प्रभावित किया है। ईश्वर ने मनुष्य को अद्भुत प्रतिभावान, सृजनशील, चिंतक, विवेकी और बुद्धिमान बनाया था, किन्तु उसी मनुष्य ने निजी स्वार्थ के लिए ऐसा वीभत्स रूप धरा है, जिसे देख कर आज प्रभु की आंखें भी शर्म से झुक गई हैं।

अंधाधुंध पेड़ काटे जा रहे हैं और इनके साथ-साथ कमी हो रही है आक्सीजन और धूप की। इन दोनों के कारण ही पर्यावरण शुद्ध रहता है। प्रकृति से नाता तोड़ने की भरपूर सज़ा भी मनुष्य को मिली। कई तरह के रोगों के कीटाणु हमारे शरीर में प्रवेश कर गए। वैज्ञानिकों की लाख कोशिशों के बावजूद स्वस्थ और निरोगी काया वाले मनुष्यों का विकास नहीं हो पा रहा।

वर्डसवर्थ ने कहा था–

"प्रकृति देवी एक बार में ही मनुष्य को उसके सार्थक जीवन के लिए इतना उपदेश दे सकती है, जितना पूर्व जीवन काल में उसे संतों से भी उपलब्ध नहीं हो सकता।"

सच, हम प्रकृति के अविभाज्य अंग हैं। उससे पृथक अस्तित्व रखने की कल्पना भी हम क्यों किया करते हैं? प्रकृति को वश में करने के दुर्दमनीय प्रयास का परिणाम यह है कि हमारे पास ऊर्जा के प्राकृतिक भंडार खत्म हो चले हैं।

काश हमने अपने पूर्वजों की बातों को ध्यान में रखा होता। अपने वृक्षों, जड़ी-बूटियों और प्रकृति की रक्षा की होती, तब शायद यह दिन देखना न पड़ता।

शस्य-श्यामला धरती आज अपने ही मानव-पुत्रों के घिनौने कृत्यों से आक्रान्त है। मां अन्नपूर्णा की रग-रग में विष फैल गया है।

नमो मात्रे पृथिव्यै....कहने वाले अब नहीं रहे। पुरखों ने कई वृक्षों को जल चढ़ाने का नियम बनाया था। क्या वे लकीर के फकीर थे? क्या उनकी बातें असंगत और तर्कहीन थीं?

नहीं!

वे अच्छी तरह जानते थे कि पीपल, तुलसी, नीम, खेजड़ी, शीक्षम आदि वृक्ष हमारे जीवन के आधार हैं। यदि उनके संरक्षण के लिए कोई नियम न बनाया गया तो वे कदाचित् मानवीय अवहेलना का शिकार हो सकते हैं। यहां मैं आपका परिचय ऐसे वृक्षों और पौधों से करवाने जा रही हूं, जो आपके बहुत आस-पास होते हुए भी आपसे दूर हैं, क्योंकि आप उनके गुणों से अपरिचित हैं।

नीम :

नीम का वृक्ष लगभग पूरे भारत में पाया जाता है। शायद आपने भी इसे देखा होगा। इसे संस्कृत में निंब, पिचमंद और पारिभद्र आदि नामों से जाना जाता है।

इस सघन वृक्ष के पत्ते छोटे, लंबे और कटावदार होते हैं। यह पर्णपाती वृक्ष है। इसके पत्ते धीरे-धीरे झड़ते हैं। पीले-सुनहरे पत्तों की मोहक छटा देखते ही बनती है।

नीम का फल निबोली कहलाता है। स्वाद चाहे कैसा भी हो, पक्षी और बच्चे इसे बेहद चाव से खाते हैं। पकने पर निबोली स्वयं ही धरती पर आ गिरती है और गल जाती है। इसके बीज अन्य स्थानों पर तीव्र गति से अंकुरित होते हैं।

अपने कषाय स्वभाव के कारण नीम ने सर्वसाधारण का वह प्रेम नहीं पाया, जिसका वह वास्तविक हकदार था—किन्तु इसके गुणों से मुंह फेर लना भी सहज नहीं है। कबीर जी ने इसके लिए कहा है—

मीठा सब कोई खात है, विष है लागै धाय।
नीम न कोई पी सकै, सर्व रोग मिट जाय।।

कड़वाहट से भरी नीम में अनेक गुण हैं। वायु प्रदूषण से बचाव के लिए इसका विशेष महत्त्व है। यह अपने चारों ओर के धुएं के बीच भी सुदृढ़ता से जमा रहता है और हवा को भी तीव्रता से शुद्ध करता है।

नीम की दातुन दांतों के लिए औषधि का काम करती है। दन्त विशेषज्ञों ने भी इसकी उपयोगिता पर अपनी मुहर लगा दी है और बाज़ार में नीमयुक्त टुथपेस्ट भी बिकने लगे हैं।

यह वैद्यक-शास्त्र की दवाओं में विशेष स्थान रखता है। अनाज और कपड़ों की सुरक्षा तथा चर्म रोगों के इलाज में यह गुणकारी है। फर्नीचर बनाने के लिए इसकी लकड़ी उपयुक्त है, क्योंकि कड़वाहट के व रण इस पर दीमक का प्रभाव नहीं होता।

यदि शरीर को फोड़े फुंसियों से बचाना चाहते हैं तो नहाने के पानी में नीम के पत्ते उबाल कर स्नान करें।

पेट के विकारों को शान्त रखने के लिए नीम का रस और चटनी अचूक उपाय हैं।

नीम के वृक्षों पर तोतों के झुंड अक्सर देखे जा सकते हैं। वे इसकी कोटरों में अपने घोंसले बनाते हैं। हमारे प्राचीन ग्रंथों में भी यदा-कदा नीम का वर्णन आता है।

आम और नीम का विवाह एक धार्मिक समारोह है। श्रधालु पूरी आस्था से इसमें भाग लेते हैं। इस प्रथा के पीछे छिपा कारण क्या है, यह तो हम नहीं जानते। हां, एक अपनत्व की भावना अवश्य विकसित होती है–क्योंकि यही आंगन का नीम बचपन से लेकर बुढ़ापे तक के सफर में हमारा सहयात्री बनता है।

पीपल का वृक्ष :

स्कंधपुराण में कहा गया है–

''पीपल की जड़ में विष्णु, तने में केशव, शाखाओं में नारायण, पत्तों में भगवान् हरि और फल में सब देवताओं से युक्त अच्युत सदा निवास करते हैं। यह वृक्ष मूर्तिमान श्री विष्णुस्वरूप है। महात्मा पुरुष इस वृक्ष के पुण्यमय मूल की सेवा करते हैं। इसका गुणों से युक्त और कामनादायक आश्रय मनुष्य के हज़ारों पापों का नाश करने वाला है।''

पीपल हिन्दू धर्म में दिव्य वृक्ष माना जाता है। दिन-रात प्रचुर मात्रा में जीवनदायिनी आक्सीजन देने वाला यह वृक्ष सर्दी में उष्णता और गर्मी में शीतलता प्रदान करता है।

अनुसंधानकर्ताओं का मानना है कि इसके पत्तों से संस्पृष्ट वायु के प्रवाह से रोगों के संक्रामक कीटाणु स्वतः ही नष्ट हो जाते हैं। वैद्यक के अनुसार इसके फल, पत्ते और छाल आदि रोग तथा कृमि नाशक हैं।

तुलसी :

पौराणिक संदर्भों में तुलसी पवित्र वृक्ष के रूप में वर्णित है। वैज्ञानिक शोधों के अनुसार अनेक असाध्य रोगों में तुलसी से सफल चिकित्सा की जा सकती है। वैज्ञानिक भाषा में इसे ''ओसिमम सैंक्टम'' कहा जाता है।

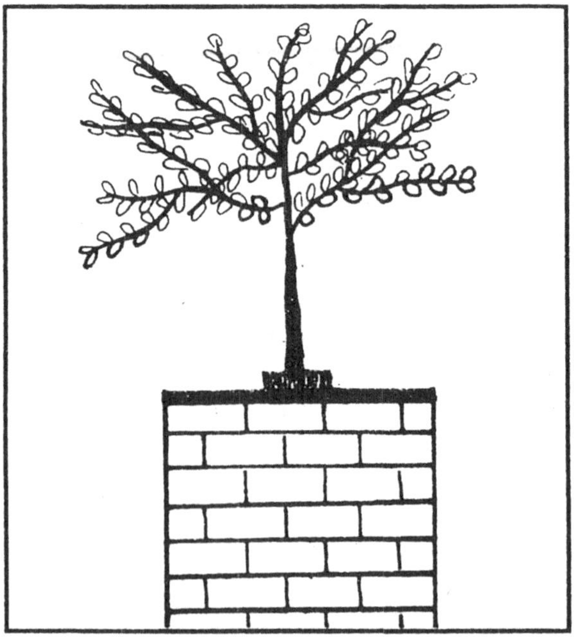

भारत में तुलसी के आगे दीपक जलाने, परिक्रमा करने और सिंचन करने की परम्परा चली आई है। इसके औषधीय गुणों के कारण ही यह प्रथा बनी होगी। तुलसी की पत्तियां और मंजरी दोनों ही दवा का काम देती हैं। मृतप्रायः व्यक्ति के मुख में तुलसीदल डाला जाता है ताकि उसकी श्वास के कीटाणु तुलसी से नष्ट हो जाएं।

पूजा-अर्चना में तुलसीदल का होना अनिवार्य है। इसकी दिव्य सुगंध वातावरण को प्रदूषण मुक्त रखती है। खांसी, जुकाम, गले के रोगों में इसकी चाय लाभकारी है। इसके पत्तों में संक्रामक रोगों से बचाव की अद्भुत क्षमता है। पंचामृत और चरणामृत में इसे डालने से वे काफी समय तक खराब नहीं होते। बच्चे को हिचकी आ रही हो तो तुलसी की एक पत्ती उसके माथे पर लगा दें। हिचकी शान्त हो जाएगी।

तुलसी का जन्म, एक रोचक प्रसंग :

तुलसी हिन्दू परिवारों की विशेष पहचान है। प्रत्येक सद्गृहस्थ के आंगन में आप इसे देख सकते हैं। कहते हैं कि श्री राधा के शापवश एक गोपी ने पृथ्वी पर तुलसी नामक कन्या के रूप में जन्म लिया। श्री कृष्ण की मनोहारी स्मृतियों के कारण वह पूर्व जन्म की यादें भूली नहीं थी। पुनः कृष्ण का सान्धिय पाने के लिए वह व्याकुल हो उठी और घोर तप में लीन हो गई।

उधर विधाता के मन कुछ और ही था। गोप सुदामा ने भी शंखचूड़ दानव के रूप में जन्म लिया। उसने भी तप के प्रभाव से तुलसी को पत्नी-रूप में चाहने की कामना की थी।

दैव की इच्छानुसार तुलसी और शंखचूड़ परिणयसूत्र में बंधे। जीवन सुखपूर्वक बीतने लगा। देवों में हाहाकार मच गया। शंखचूड़ को संदेश भिजवाया गया—"या तो देवों का अधिकार लौटाओ, या युद्ध के लिए तत्पर हो जाओ।"

शंखचूड़ के अप्रितम शौर्य तथा सती तुलसी के सतीत्व के बल के कारण देव उनका कुछ नहीं बिगाड़ पाए। तब तुलसी से श्री हरि ने छल से संभोग किया और शंखचूड़ का कवच भी ले लिया। युद्ध में देवों की विजय हुई। श्री हरि ने तुलसी से कहा—"जो भी हुआ, वह विधि का विधान था। मैं तुम्हें वर देता हूं कि तुम्हारी केशराशि से तुलसी वृक्ष उत्पन्न होगा, जो देवपूजन में प्रधान होगा। तुलसी के मूल में सभी देवों का वास होगा।"

क्रोध में कांपती तुलसी ने श्री हरि को भी पाषाण होने का श्राप दे डाला। प्रभु ने सहर्ष वह श्राप स्वीकार किया और बोले—"मैं शालिग्राम के विविध रूपों में तुम्हारे साथ रहूंगा। शंखचूड़ तुम्हारा प्रिय था अतः उसके प्रतीक रूप में शंख भी सदा तुम्हारे साथ रहेगा।"

उस दिन से तुलसी ने दिव्य वृक्ष के रूप में मान्यता पाई और आज तक उसके गरिमामयी व्यक्तित्व में कोई अन्तर नहीं आया। कहीं भी आसानी से उग जाने वाला यह पौधा ईसाइयों में भी प्रसिद्ध है। वे इसे सेक्रेड बेसिल अर्थात पवित्र पौधा कहते हैं।

इटली और ग्रीक वासी भी इसके गुणों से अनभिज्ञ नहीं। अतः संत बेसिल दिवस पर वे इसकी टहनियों को अपने साथ गिरजारघर अवश्य ले जाते हैं।

आंवला :

यह एक ऐसा वृक्ष है, जो शक्तिवर्धक औषधियां बनाने के काम आता है। हिन्दू धर्म की मान्यताओं के अनुसार इसकी उत्पति लक्ष्मी जी के अश्रुबिंदु से हुई।

वर्ष में एक बार इस वृक्ष की पूजा की जाती है और स्त्रियां इस वृक्ष तले बैठ कर भोजन ग्रहण करती हैं।

आंवले के गोल फल से अचार, मुरब्बे और चटनी आदि बनाए जाते हैं। यह हमारे स्वांस्थ्य के लिए रामबाण औषधि है। आयुर्वेद के अनुसार प्रतिदिन सुबह-सुबह एक आंवले का मुरब्बा खाने से कोई रोग पास भी नहीं फटकता।

नारियल :

सुस्वादु और पौष्टिक नारियल के वृक्ष तो आपने भी देखे होंगे। समुद्र तटीय क्षेत्रों में यह वृक्ष बहुतायत से पाया जाता है। इसकी गिरी बहुत स्वादिष्ट होती है। दक्षिण भारतीय व्यंजनों में इसका विविध प्रयोग ही इसकी लोकप्रियता का पुष्ट प्रमाण है।

चंदन :

चित्रकूट के घाट पर भई संतन की भीड़।
तुलसीदास चंदन घिसत, तिलक देत रघुवीर।।

चंदन का वृक्ष अनमोल थाती है। यह देव-पूजन की सामग्री का प्रमुख अंग है। इस कीमती वृक्ष के बुरादे से सुगंधित हवन सामग्री तैयार की जाती है। मस्तक पर चंदन का तिलक शीतलता प्रदान करता है। चंदन वन की मधुर बयार तन-मन को अनोखी शान्ति और पवित्रता से सराबोर कर देती है। कभी-कभी मैं सोचती हूं कि यदि हमारे पर्यावरण में ऐसे चमत्कारिक गुणों से युक्त वनस्पति न होती तो क्या हम इस प्रदूषण में जीवित रह पाते?

सौंदर्य प्रसाधनों में चंदन का प्रयोग हर्ष का विषय है। वैज्ञानिकों के अनुसार परमाणु विकिरण को रोकने में लाल चंदन बेहद प्रभावकारी सिद्ध हुआ है।

वट-वृक्ष :

इसे बनचन या फिक्स वैंगालैंसिस भी कहा जाता है। भारत में इस वटवृक्ष की अपनी एक मर्यादा है। इसके समीप ही आप किसी बावड़ी, कुएं या चौपाल के दर्शन अवश्य पाएंगे।

चहचहाते पक्षी, मंद पवन और चौपाल पर किस्सागोइयों के बीच मानो वट-वृक्ष एक मूक श्रोता बना खड़ा रहता है। पौराणिक संदर्भों के अनुसार घने और छायादार वट वृक्ष में ब्रह्मदेव का निवास होता है। इसकी दूर-दूर तक फैली मोटी जटाएं इसे मनमोहक रूप प्रदान करती हैं।

शायद इसे पर्यावरण का अभिन्न अंग बनाने के लिए ही इसका चबूतरा बनाने का विधान रखा गया होगा ताकि इसकी जड़ों को नियमपूर्वक पोषण मिलता रहे।

इसी वृक्ष के नीचे बैठ कर सावित्री ने यमराज से अपने पति सत्यवान के प्राण लौटाए थे। अतः सुहागन स्त्रियां पूर्ण श्रद्धा और भक्तिभाव से इसका पूजन करती हैं तथा पति की दीर्घायु की कामना करती हैं।

यह विराट वृक्ष 25 से 35 मीटर तक ऊंचा हो सकता है। एक ही वृक्ष अपनी जड़ों के सहारे लंबा जीवन जीता है। इसके लंबे जीवन-काल के कारण ही इसे अमर माना जाता है।

गुलमोहर :

अपने सुर्ख चटकीले पुष्पों के कारण गुलमोहर को भारत के उद्यानों में स्थान मिला है। पत्तियों का छतरीनुमा आकार इसकी सुन्दरता में चार चांद लगा देता है। तेज़ी से बढ़ने की क्षमता के कारण यह वृक्ष अधिक लोकप्रिय है। इसे फ्रांसीसियों द्वारा लाया गया। अंग्रेज़ी में इसे गोल्ड मोहर कहा जाता है।

गुलमोहर से तात्पर्य है 'अशर्फी'। लाल और नारंगी रंग के फूलों से लदे वृक्ष को देख कर ऐसा लगता है, मानो बहुत-सी अशर्फियां इस पर जड़ दी गई हैं।

संस्कृत में राजाभरण कहलाने वाला यह वृक्ष, थके-हारे मस्तिष्क को ताज़गी प्रदान करता हे। यूं तो इसकी लकड़ी कहीं काम नहीं आती, किन्तु इसके फूलों का मकरंद शहद की मक्खियों को बहुत भाता है। वैसे भी प्रत्येक वस्तु को उसके उपयोगी गुणों से नहीं आंकना चाहिए। सौंदर्य बोध भी तो कोई चीज़ है भई!

गलगल वृक्ष :

इसे अंग्रेज़ी में 'यलो सिल्क कॉटन ट्री' कहा जाता है। पतझड़ी वनों में पाया जाने वाला यह वृक्ष बहु उपयोगी है। इसके बीजों से तेल तथा रंग निकाला जाता है। बची

हुई खली को उर्वरक के रूप में प्रयोग किया जाता है। इसके बीजों को चने की तरह भून कर खाएं, बहुत मज़ेदार स्वाद मिलेगा।

गलगल-वृक्ष की छाल से बनी रस्सी भी बेहद मज़बूत होती है।

यह करीब पांच मीटर ऊंचा होता है। अप्रैल माह में जब इसकी सारी पत्तियां झड़ जाती हैं, तो यह सुनहले फूलों से लद जाता है।

शमी-वृक्ष :

अनेक धार्मिक गाथाओं का साक्षी, शमी वृक्ष, खेजड़ी, जाड़ी, बन्नी और जांड आदि नामों से भी पुकारा जाता है। प्रत्येक शुभ कार्य के आरंभ में इसकी उपस्थिति अनिवार्य है।

प्राचीनकाल से ही यह वृक्ष पर्यावरण में एक अहम् भूमिका निभाता चला आ रहा है। इसे महत्त्वपूर्ण औषधि के रूप में प्रयोग किया जाता है। हिन्दू विजयदशमी के दिन शमी वृक्ष का पूजन करते हैं। इसकी पत्तियों को स्वर्ण का प्रतीक मानकर कोषगारों में भी रखने का विधान है। इसकी लकड़ी से मंथनदण्ड तथा अरणी आदि उपकरण भी तैयार किए जाते थे।

कुबेर ने रघु के आक्रमण के भय से इसी वृक्ष की पत्तियों को स्वर्ण पूरित कर दिया था। कहते हैं कि इस वृक्ष में अग्निदेव का वास होता है।

सदाबहार का पौधा :

इसका वैज्ञानिक नामकरण किया गया है विंका रोजेआ। इसे बंगला में नयनतारा, मराठी में सदाफल और पंजाबी में रतनजोत के नाम से पुकारते हैं। सदाबहार का पौधा सदा ही बहार बिखेरता नज़र आता है। इसके आकर्षक फूल अधिक मेहनत भी नहीं मांगते। इसकी पत्तियों से, जड़ों से और डंठलों से विषैला दूध निकलता है।

शोध करने से पता चला कि इस पौधे में विस्फोटक पदार्थों को पचाकर निर्मल बनाने की अद्भुत क्षमता है।

'केंद्रीय औषधीय एवं सुगंध पौधा संस्थान' ने निरंतर खोजों के पश्चात् यह निष्कर्ष निकाला है कि सदाबहार की पत्तियों में विनिरस्टीन नामक क्षारीय पदार्थ होता है। यह कैंसर के इलाज मे काम आता है।

ऐसे उपयोगी और गुणकारी पौधों को यदि संरक्षण दिया जाए तो हम तेज़ी से बढ़ते प्रदूषण के महादानव से बच सकते हैं।

महुआ :

महुआ के ऊंचे और घने वृक्ष में पीले रंग के फूल होते हैं। इसके फलों में मादक गंध पाई जाती है। आदिवासी क्षेत्रों में महुआ से बनी शराब विशेष रूप से पसंद की जाती है।

इस वृक्ष की छाल ज़ख्म भरने में सहायक होती है। यदि शरीर में गठिया रोग हो तो इसके तेल की मालिश से लाभ पहुंचता है। टूटी हड्डियों को जोड़ने में इसके पत्तों का लेप गुणकारी है।

भोजपत्र :

पवर्तों पर झाड़ीनुमा रूप में पाया जाने वाला यह वृक्ष पीलिया के रोगियों के लिए लाभकारी होता है। प्राचीन काल में कागज़ का आविष्कार होने से बहुत पहले ऋषि मुनि इसी पर लिखते थे । आज भी संग्रहालयों में भोजपत्रों पर लिखी पांडुलिपियां सुरक्षित हैं।

सागवान :

फर्नीचर निर्माण में सागवान की लकड़ी का कोई सानी नहीं है। इस सुन्दर और घने वृक्ष के पत्ते मूत्र रोगों में आराम पहुंचाते हैं। यह बवासीर और कफनाशक भी है।

केला :

भारतीय संस्कृति में विभिन्न नामों से जाना जाने वाला केला या कदलीफलम् स्वास्थ्य की दृष्टि से बहुत उत्तम है। इस वृक्ष के फूल, फल, तना और छिलका आदि सभी उपयोगी हैं। हमारे धार्मिक अनुष्ठानों में इसे विशेष स्थान प्राप्त है। पेट के विकार दूर करने के लिए केले का उपयोग लाभकारी होता है।

बांस :

संपूर्ण भारतवर्ष में पाए जाने वाले बांस को वंश रक्षक माना जाता है। कहते हैं कि इसे जलाने वाले व्यक्ति के वंश का समूल नाश हो जाता है। अतः हिन्दू धर्म से जुड़े लोग इस जलाते नहीं। यह बांस जीवन से मरण तक मनुष्य का साथ निभाता है। विवाह जैसे मांगलिक समारोह में बांस की पूजा की जाती है। कन्या की विदाई के समय उसे बांस से बनी अनेक वस्तुएं जैसे सूप, डलिया आदि भेंट की जाती हैं।

बांस के दानों को सुखाकर और पीसकर रोटी बनाई जाती है । बांस के बीजों को भी भात के रूप में खाया जाता है।

अंग्रेज़ी भाषा में इसे बैम्बू कहते हैं। वैज्ञानिकों ने इसे 'बैम्बूसा' कहकर पुकारा। यह मानसून वनों में पाया जाने वाला उष्णकटिबंधीय पौधा है। इसे कई रूपों में प्रयोग किया जाता है।

पानी भरने का बर्तन या सुरीली बांसुरी, हुक्का हो या छड़ी, सीढ़ी हो या चिक, फर्नीचर हो या खिलौने, झाड़ू हो या चटाई, टोकरी हो या पशुओं को दवा पिलाने की नाल, प्रत्येक स्थान पर बांस की ही आवश्यकता पड़ती है। बांस का उपयोग कागज़ और लुगदी बनाने में भी किया जाता है। दैनिक जीवन और कई स्थानों पर हमें इस की सहायता लेनी पड़ती है। इसका औषधीय महत्त्व भी सर्वविदित है।

हमारा कर्तव्य बनता है कि हम ऐसी प्राकृतिक संपदाओं की रक्षा करें ताकि वे इसी तरह हमारे काम आ सकें।

घासें—हरी-हरी और प्यारी-प्यारी :

मनुष्य को जीने के लिए अन्न की जरूरत पड़ती है और अन्न का आधार घास ही है। घास को अंग्रेज़ी में 'ग्रास' कहते हैं। वनस्पति विज्ञान के अनुसार घास का कुल 'ग्रैमिनी' कहलाता है।

गेहूं, चावल, बाजरा, मक्का, ज्वार और धान आदि अनाज इसी घासकुल के अन्तर्गत आते हैं। दैनिक चर्चा में अन्न के बिना निर्वाह की कल्पना भी चौंका देती है।

बच्चे के जन्म के पश्चात् पूजा सामग्री में दूर्वा रखने का विधान है। अन्नप्राशन संस्कार की महिमा कौन नहीं जानता! इससे पूर्व नवजात शिशु को अन्न नहीं दिया जाता है, क्योंकि तब तक अन्न पाचक ग्रंथियां परिपक्व नहीं होतीं।

जानवरों के भोजन के लिए घास ही प्रमुख खाद्य पदार्थ है। हरी पुआल, भूसा या चरी ही उनका पोषक है। सुबह-सवेरे हरी घास पर नंगे पांव चलने से नेत्र ज्योति तीव्र होती है और मन को शान्ति मिलती है।

घास के विस्तृत मैदान अपने-अपने विशेष नामों से प्रसिद्ध हैं। कोई मैच हो या समारोह, घास का तरतीबवार होना महत्त्वपूर्ण हो जाता है।

खस घास की जड़ों से गर्मियों के लिए खस की टट्टियां बनती हैं। इसकी जड़ों से सुगंधित तेल और साबुन भी बनते हैं। मूंज के रेशे से बनी रस्सियों, चटाइयों और जनेऊ से आप भी अपरिचित नहीं हैं।

इटली में स्पेनिश घास से रेशम तैयार किया जाता है। गृहणियां अपने लान की हरी-भरी घास को देखकर मुदित हो उठती हैं। सुहाने मौसम में हरे घास के लान में बैठकर चाय पीने का आनन्द ही कुछ और है।

अतः घास को हेय समझने वाले मनुष्य जान लें कि यह कितने लाभ की चीज़ है। केवल कलेवर छोटा होने से ही कोई अनुपयोगी नहीं हो जाता।

मनुष्य ही पेड़-पौधों और वनस्पति जगत का संरक्षक है। यदि वह उन्हें सही मात्रा में पोषण न दे तो वह कदापि नहीं पनप सकते। नगरीकरण की अंधी दौड़ ने कृषक वर्ग को भी चकाचौंध से भरी दुनिया में खींच लिया है। वे भी प्रकृति के हरे-भरे आंचल से दूर छिटकते जा रहे हैं।

तुलसी के समक्ष दीप जलाकर या पूजा सामग्री बनाने से, खेजड़ी वृक्ष पर मौली बांधने से या फिर पीपल पर दो लोटा जल चढ़ाने से ही हमारे कर्तव्य की इतिश्री नहीं हो जाती।

पर्यावरण में उपस्थित सभी वनस्पतियां हमारी सार-संभाल और सेवा की हकदार हैं। उन्हें भी हमारा स्नेह और ध्यान चाहिए।

अपनी भूमि, जलवायु और आवश्यकताओं को मद्देनज़र रखते हुए हमें आस-पास के वातावरण में नीम, बबूल, शहतूत आदि वृक्ष अवश्य लगाने चाहिएं।

केवल वृक्षारोपण ही आवश्यक नहीं, उनके समुचित विकास और संरक्षण की जिम्मेदारी भी हमारी ही है। राजनीतिज्ञ समय-समय पर वृक्षारोपण कार्यक्रमों में सोत्साह भाग लेते हैं। पौधे लगे, मिठाई बटी, फोटो खिंचे, बस हो गया समारोह समाप्त।

कोई भी मुड़ कर कार तले रौंदे जा रहे नन्हे शिशु पौधों की तरफ नहीं देखता। हमें ऐसा वृक्षारोपण नहीं चाहिए।

बाल्यकाल के पालने से लेकर मृत्युपर्यन्त यह वृक्ष हमारा साथ निभाते हैं। अतः हमारा नैतिक दायित्व है कि हम इन उपयोगी वृक्षों की थाती अगली पीढ़ी को सौंपें।

❑❑

वायु प्रदूषण

वायुमण्डल को प्रदूषित करने में मनुष्य ने बहुत अहम् भूमिका निभाई है। जिस दिन उसने पहली बार आग का आविष्कार किया था, उसी दिन से वायुमण्डल का प्रदूषण आरंभ हो गया था।

ज्यों-ज्यों मानव सभ्य होता गया, हवा का प्रदूषण बढ़ता चला गया। वह भूल गया कि वह प्रकृति का अविभाज्य अंग है। उसने औद्योगिकीकरण की अंधाधुंध बाढ़ में सभी मूल्यों को ताक पर रख दिया।

यूं तो पृथ्वी पर वायु की कमी नहीं है, किन्तु आज हम शुद्ध वायु को तरसते हैं। विदेशों में तो कई स्थानों पर ताज़ी हवा के लिए सिलेंडरों का प्रयोग करना पड़ता है। अब गांव के खेतों में आम तले झूला झूलते समय, मीठी बयार नहीं आती। वहां भी तथाकथित आधुनिकता का दानव दबे पांव पहुंच गया है।

शुद्ध वायु का हमारे जीवन में क्या महत्त्व है, इस बात का अनुमान आप इसी तथ्य से लगा सकते हैं कि वायु के बिना कुछ ही क्षणों में मनुष्य काल के गाल में समा सकता है। अच्छे स्वास्थ्य के लिए स्वच्छ वायु अति आवश्यक है। आक्सीजन हमें जीवन दान देती है और शरीर पर स्वच्छ हवा लगने से वह निरोगी रहता है।

वायु अनेक गैसों का मिश्रण है। इसमें लगभग अस्सी प्रतिशत नाइट्रोजन तथा लगभग बीस प्रतिशत आक्सीजन की मात्रा रहती है। नाइट्रोजन पशुओं, पेड़-पौधों और हमारे पोषक भोजन का प्रमुख अंग है।

इन दो गैसों के अलावा वायु में धूल के कण और पानी की भाप आदि भी विद्यमान रहते हैं। बहुत कम मात्रा में कार्बन डाइक्साइड तथा हीलियम जैसी गैसें भी पाई जाती हैं।

यही वायु जब अन्य प्रदूषित गैसों से मिल जाती है तो प्राणों के लिए घातक सिद्ध होती है।

वायु प्रदूषण किसे कहते हैं :

वायु में ऐसे पदार्थों की उपस्थिति, जोकि वायुमण्डल के घटक न हों, वायु प्रदूषण कहलाता है। यह वायु-प्रदूषण बच्चों तथा अन्य जीवधारियों के स्वास्थ्य के लिए हानिकारक है।

कारखानों की चिमनियों से निकलता धुआं, वाहन, खाना बनाने के चूल्हे, वायुयान आदि निरंतर वायुमंडल को प्रदूषित करते रहते हैं। मानव जनित प्रदूषण इस कदर बढ़ गया है कि दिन-ब-दिन शुद्ध वायु में सांस लेना भी दूभर होता जा रहा है।

नित नए रसायनों का प्रयोग अनेक प्रकार के प्रदूषक उत्पन्न कर रहा है।

अकार्बनिक वायु प्रदूषकों में कार्बन तथा सल्फर के. आक्साइड, अमोनिया और क्लोरीन आदि मुख्य हैं। कार्बनिक गैसों के प्रमुख प्रदूषक हैं, हाइड्रोकार्बन।

कोयला जलाने से निकलने वाली सल्फर-डाईआक्साइड के कारण अनेक प्रकार के रोग जैसे खांसी, दमा और ब्रोंकाइटिस होने की संभावना बढ़ जाती है।

ताप ऊर्जा संयंत्रों के कारण भी प्रदूषण बढ़ता है, क्योंकि वहां समुचित रूप से प्रदूषण नियंत्रक नहीं लगाए जाते। नतीजा होता है आंख, नाक, कान और गले की बीमारियां।

मोटर-वाहन प्रदूषण का एक बड़ा स्रोत है। गांव हो या शहर, चारों ओर बस, ट्रक, मोटर, स्कूटर आदि वाहनों की आवाजाही लगी रहती है।

इसी श्रृंखला में दिल्ली को भारत का सर्वाधिक प्रदूषित शहर माना गया है। मोटर गाड़ियों में पेट्रोल और डीज़ल जलने से जो धुआं उत्पन्न होता है, वह दिखाई नहीं देता किन्तु सूर्य के प्रकाश की उपस्थिति में नाइट्रोजन के आक्साइड और गैसीय हाइड्रोकार्बन, वायु से अभिक्रिया करते हैं और धुंआ बनाते हैं। धुएं से निकली कार्बन मोनो आक्साइड भी एक विषैली गैस है।

दुपहिया और तिपिहया वाहनों द्वारा अधिक प्रदूषण फैलता है, क्योंकि वे दो स्ट्रोक वाले इंजन के कारण केवल 25 प्रतिशत ईंधन का ही उपयोग कर पाते हैं। शेष ईंधन वायुमण्डल की विषैली गैसों के नाम हो जाता है।

वाहन उत्सर्जकों में सीसा, ओजोन, बेंजीन व टॉलूइन जैसे प्रदूषक रहते हैं। इनके कारण अनेक प्रकार के घातक रोग होते हैं। सबसे खतरनाक है सीसा। गर्भस्थ शिशु के लिए यह बहुत हानिकारक है। उसके शारीरिक और मानसिक विकास पर दुष्प्रभाव पड़ सकता है।

कार्बन मोना आक्साइड गैस हृदय रोगियों के लिए मौत का कारण बन सकती है। इसी प्रकार नाइट्रोजन के आक्साइड भी श्वास नलियों में रुकावट पैदा करते हैं। ओजोन गैस फेफड़ों को नुक्सान पहुंचाती है।

जलयानों और रेलगाड़ियों से निकलने वाला धुआं भी वायुमण्डल में धुआं फैलाता है। जेट विमानों से निकली गैसें ऊपरी वायुमण्डल को प्रदूषित करती हैं।

वायु प्रदूषण का एक अस्थायी स्रोत और भी है, वह है—आतिशबाज़ी का धुंआ।

दशहरे से लेकर दीपावली पर्व तक इसका बहुत ज़ोर रहता है। यूं तो विवाह और खुशी के अन्य अवसरों पर भी आतिशबाजी का प्रचलन है—किन्तु इन दिनों यह अपनी चरम सीमा पर होता है।

आकाश में सांझ ढलते ही काले-काले धुएं के बादल छा जाते हैं। दमा के मरीज़ों के लिए सांस लेना भी कठिन हो जाता है। ध्वनि प्रदूषण और वायु प्रदूषण फैलाने में छोटे-छोटे रंगीन पटाखों का जवाब नहीं है।

यदि आप इनकी कीमत सुनेंगे तो चौंक जाएंगे, और जलने में लगने वाला समय केवल बीस या पच्चीस सैकेंड। प्रति वर्ष लाखों-करोड़ों रुपया इस विकृत परम्परा की भेंट चढ़ जाता है।

आंखों में जलन, सांस लेने में मुश्किल, दम घुटना तो सामान्य सी समस्याएं हैं। इनके कारण प्रायः कई जनसंकुल स्थानों पर आग लग जाती है। अग्निदेव जाने कितने मनुष्यों की बलि लेकर ही शान्त होते हैं। आर्थिक क्षति भी होती है। अनेक मासूम बच्चे लापरवाही के कारण दुर्घटनाओं का शिकार हो जाते हैं।

स्वास्थ्य पर कुप्रभाव :

इस के दुष्प्रभावों की कहां तक चर्चा की जाए! यह एक धीमी मौत है। वैज्ञानिक अनुसंधानों ने सिद्ध कर दिया है कि इस प्रदूषण के कारण ही फेफड़ों का कैंसर, खांसी, जुकाम, और दिल का दौरा आम होते जा रहे हैं। कोयला, तांबा, सोना और सीसा आदि खदानों में काम करने वाले श्रमिक 'सिलकोसिस' नामक रोग से ग्रस्त हो जाते हैं—क्योंकि वायु के साथ उनके शरीर में सिलिका युक्त धूल प्रवेश करती है।

छोटे बच्चों की संवेदनशील त्वचा पर वायु प्रदूषण खुल कर अपना असर दिखाता है। उनकी त्वचा को कई प्रकार के चर्म रोगों का सामना करना पड़ सकता है। भवन-निर्माण में लगे कारीगर भी फेफड़ों के कैंसर का शिकार हो जाते हैं।

वनस्पति पर कुप्रभाव :

शोधकर्ताओं का कहना है कि सल्फर डाई आक्साइड वनस्पतियों को बुरी तरह नुक्सान पहुंचाती है। वायु में मौजूद सल्फर यौगिक, धातुकण, अम्लकण, कार्बन मोनो आक्साइड और हाइड्रोकार्बन आदि वनस्पतियों के लिए घातक सिद्ध होते हैं। या यूं भी कहा जा सकता है कि वे हंसते-खिलखिलाते हरे-भरे पौधे को बीमार और जर्जर पौधे में बदल देते हैं।

इन के अलावा भवन और धातु निर्मित रचनाएं भी इस प्रदूषण के क्रूर हाथों से बच नहीं पातीं। ताजमहल का उदाहरण आपके सामने है। किस तरह एक भव्य इमारत अपनी आब खोती जा रही है।

धूम कुहरा :

धुएं और कोहरे के मिलने से धूम कुहरा बनता है। जाड़े के दिनों में आपने अक्सर इसे अनुभव किया होगा। यह निलम्बित प्रदूषण के कणों को ऊपरी वायुमंडल में जाने से रोकता है तथा उस स्थान पर रहने वालों को प्रदूषित वायु मिलती है।

सन् 1948 में पेनसिलवानिया राज्य के डोनोरा नामक शहर में यह कुहरा चार दिन तक छाया रहा था। यह उन स्थानों पर अधिक होता है, जहां तापमान व्युतक्रम होता है। इसके कारण दम घुटने की भी नौबत आ जाती है।

वायु प्रदूषण को रोकने के संभावित उपाय :

पेड़-पौधे कार्बन डाई आक्साइड गैस लेकर आक्सीजन प्रदान करते हैं। यह स्वाभाविक प्रक्रिया यदि निर्बाध रूप से चलती रहे तो वायु के प्रदूषण का प्रश्न ही नहीं उठता। हमारा नैतिक दायित्व बनता है कि हम इस पुरातन विनिमय प्रणाली को यूं ही चलने दें। इसे गतिशील बनाने में यदि कारगर हो सकें तो और भी बेहतर होगा।

नये पेड़-पौधे लगाने की अपेक्षा पुराने पौधों की देखभाल भी की जाए क्योंकि वृक्ष संरक्षण कहीं अधिक महत्त्वपूर्ण है। पीपल, बरगद, नीम, खेजड़ी और तुलसी जैसे पौधे वायुमंडल को शुद्ध रखने की पूरी क्षमता रखते हैं। इन वृक्षों के समुचित विकास की दिशा में कदम अवश्य उठाएं।

गीली लकड़ियों और उपलों के धुएं ने भारतीय स्त्रियों को तो सताया ही है, साथ ही वायुमंडल को प्रदूषित करने में भी कोई कसर नहीं छोड़ी। रसोईघर में यदि निर्धूम चूल्हे का प्रयोग किया जाए और चिमनियां भी तनिक ऊंचाई पर लगी हों तो समस्या काफी हद तक सुलझ सकती है।

घर में शुद्ध वायु की आवाजाही के लिए रोशनदान और दरवाज़ों की उचित व्यवस्था हो। नगरों में दड़बेनुमा मकानों में रहने वाले लोग वायु प्रदूषण के कुप्रभावों से प्रायः ग्रस्त रहते हैं। उन्हें ताज़ी हवा नहीं मिल पाती।

हानिकारक गैसें

कार्वन डाइ आक्साइड जहरीली नहीं है किंतु वातावरण में इसकी अधिक मात्रा मृत्यु का कारण बन सकती है। कार्बन वस्तुएं जलने पर कार्बन व अक्सीजन के संयोग से कार्बन डाइ आक्साइड बनती है। कार्बन पदार्थों में लकड़ी, गोबर, कोयला पैट्रोल आदि का नाम लिया जाता है।

यूँ तो पेड़-पौधे प्रकाश की उपस्थिति में कार्बन डाइ आक्साइड ग्रहण करते हैं व अपना भोजन बनाते हैं। जिसके कारण वायुमंडल में कार्बन डाइ आक्साइड का संतुलन वना रहता है किंतु उद्योगों के तीव्र विकास के फलस्वरूप इस गैस में तीव्र गति से वृद्धि हो रही है अतः वायुमंडल में इसकी मात्रा बहुत तेजी से बढ़ रही है यहाँ तक कि सागर का पानी भी उसे पूर्ण रूप से घोल नहीं पाता।

इसकी अनावश्यक वृद्धि से अनेक भीषण रोगों के फैलने की संभावना बढ़ती जा रही है।

हरे-पीले रंग की क्लोरीन की अपनी एक खास गंध है। क्लोरीनयुक्त गैस में श्वास लेना भी कम हानिकारक नहीं है इसके कारण फेफड़े सूज जाते हैं जो आगे चल कर रोग का रूप धर लेते हैं।

पदार्थों के जलने से उत्पन्न होने वाली कार्बन मोनो आक्साइड एक स्वादहीन व रंगहीन गैस है। इसकी वजह से प्रतिवर्ष अनेक मौतें होती हैं। यदि बंद कमरे में कोयले की अंगीठी रख दी जाए तो यह गैस बनने लगती है। इसके वातावरण में सांस लेना मुश्किल नहीं होता किंतु जब यह आक्सीजन को रक्त तक नहीं पहुँचने देती तो आसानी से मौत का सामान जुट जाता है।

अमोनिया गैस भी मनुष्य के लिए नुकसानदायक है। इसे उर्वरकों, विस्फोटकों व विभिन्न रसायनों के निर्माण में प्रयोग किया जाता है। इससे श्वास नली को नुकसान पहुंचता है। इस गैस की गंध बंहुत तीखी होती है।

सल्फर डाइ आक्साइड एक रंगहीन गैस है। वस्तुतः इसी के कारण अम्ल वर्षा होती है। वायु में यह गैस सल्फर डाइ आक्साइड में बदल जाती है। वायु में उपस्थित पानी की भाप के संयोग से यह गंधक के तेजाब में बदलती है।

इसका दुष्कारी प्रभाव फेफड़ों व त्वचा आदि पर पड़ता है।

प्रयास करें कि आप के आस-पास का वातावरण स्वास्थ्यवर्धक और सुगंधमयी हो। शौचालय में कीटाणु नाशक स्प्रे छिड़का जाए। गौशाला में साफ-सफाई हो। कुल मिलाकर निष्कर्ष इतना है कि कहीं से भी हवा में विकार उत्पन्न न हो सके।

आक्सीजन से तनिक भारी कार्बन का फैलाव होना हानिकारक है। यह प्रायः बदबूदार बंद आवासों में जन्म लेती है। इस की बढ़ती मात्रा का संतुलन आवश्यक है।

वैज्ञानिक इस बात की ओर ध्यान दें कि ऐसे यंत्र बनाए जाएं जिनसे खतरनाक गैसें वायुमंडल में कम से कम प्रविष्ट हों।

अपशिष्ट पदार्थों को खुले में जलाने पर रोक होनी चाहिए। उद्योगों से पैदा होने वाला धुआं रोकने के लिए ऊंची चिमनियों का प्रयोग हो। नगरों का कूड़ा, बंद कक्षों में उच्च तापमान पर जलाया जाना चाहिए।

घरेलू प्रदूषणों में धूम्रपान का प्रयोग भी कम घातक नहीं है। यह बुरी लत अपने साथ-साथ उन लोगों को भी अपनी चपेट में ले लेती है, जो धूम्रपान नहीं करते। उदाहरणतया आपकी पत्नी और उसका गर्भस्थ शिशु आदि।

परफ्यूम, कीटनाशी स्प्रे, रूम फ्रेशनर आदि का प्रयोग भी वायु प्रदूषण का प्रमुख कारण हैं।

वाहनों से निरंतर निकलने वाला धुआं, संसार भर की समस्या बना हुआ है। यदि गाड़ी के उचित रख-रखाव पर ध्यान दिया जाए तो धुएं में कमी आ जाती है।

वाहनों से फैलने वाले धुएं में घातक रसायन पाए जाते हैं। इनमें एक है 'सीसा'। यह एक ज़हर है, जिससे मानसिक विकार उत्पन्न होते हैं। सीसा युक्त पैट्रोल से चलने वाले वाहनों से यह आता है।

सल्फर डाइ-आक्साइड के कारण ब्रांकाइटिस और दमा रोग जन्म लेते हैं। टायरों के सड़क पर अधिक रगड़ खाने से मिक गैस बनती है। इसी गैस के कारण भोपाल की गैस दुर्घटना हुई थी।

इस विनाशकारी धुएं से छुटकारा पाने के लिए 'कैटैलेटिक कनवर्टरों' का प्रयोग सुझाया जाता है। इनके प्रयोग से धुएं से होने वाले प्रदूषण पर काफी हद तक रोक लगाई जा सकती है।

यातायात की ऐसी व्यवस्था बनाई जाए ताकि सार्वजनिक यातायात के वाहन अधिक प्रयोग में लाए जाएं। कार पूल का प्रयोग भी एक बेहतर उपाय है। निजी वाहन को केवल दिखावे के तौर पर इस्तेमाल न करें। यदि उस छोटी दूरी को आप पैदल या साइकिल द्वारा नाप सकते हैं, तो कार का प्रयोग किस लिए किया जाए?

सन् 1995 में पर्यावरण एवं वन मंत्रालय ने 'हरित ईंधन योजना' बनाई। इसके अंतर्गत कारों में उत्प्रेरकीय परिवर्तक लगाना आवश्यक था। ईंधन के रूप में 'ग्रीन फ्यूल' अर्थात सीसा रहित पैट्रोल का प्रयोग आवश्यक कर दिया गया।

अल्प प्रदूषणकारी ईंधन जैसे बैटरी और सौर ऊर्जा आदि का प्रयोग भी कारगर उपाय हो सकता है।

वैसे तो प्रयत्न यही होना चाहिए कि वायुमंडल में प्रदूषण फैले ही न, किन्तु सब कुछ तो हमारे हाथ में नहीं है। अतः बचाव के कारगर उपायों पर पूरा ध्यान दिया जाए।

खुली और ताज़ी हवा में टहलने का मौका कभी न गंवाएं। रात देर तक जागने और सुबह देर से उठने वाले मनुष्य कभी भी सुबह की प्रदूषण मुक्त शुद्ध वायु का आनन्द नहीं उठा सकते।

स्कूलों में छात्रों को वायु प्रदूषण के खतरों से अवगत कराया जाए ताकि वे समय रहते ही सावधान हो जाएं और सावधानी से बढ़कर कोई उपाय नहीं है।

❑❑

सुरक्षा कवच : ओज़ोन !!

कल ही समाचारपत्र में पढ़ रही थी कि पृथ्वी की सुरक्षा कवच ओज़ोन परत में 30 प्रतिशत क्षति दर्ज की गई। अब सवाल यह उठता है कि ओज़ोन परत क्या है?

यह एक हल्के पीले रंग की गैस है, जो हमारी धरती से दस से पंद्रह किलोमीटर के बीच पाई जाती है। अत्यन्त विषैली होने पर भी यह हमारे लिए लाभकारी है।

यह सूर्य से निकलने वाली खतरनाक परा बैंगनी किरणों से पृथ्वी की रक्षा करती है। ओजोन परत के निर्माण में आक्सीजन और पराबैंगनी किरणों (Ultra violet Rays) का महत्त्वपूर्ण हाथ है। जब सौर पराबैंगनी विकिरणें आक्सीजन के साथ क्रिया करती हैं, तो आक्सीजन का प्रकाश विघटन होने के कारण ओजोन परत बनती है।

ओज़ोन परत के ह्रास से होने वाले कुप्रभाव :

पराबैंगनी विकिरण अर्थात यू वी किरणें जीवित उतकों के लिए नुक्सानदायक हैं। ओज़ोन स्वयं इन किरणों का अवशोषण कर प्राणी जगत की रक्षा करती है। यदि यह न हो तो हम सूर्य की किरणों का प्रखर ताप सहन नहीं कर पाएंगे।

ओज़ोन की कमी से यू वी की किरणें त्वचा कैंसर, शरीर की प्रतिरक्षण प्रणाली और नेत्र संबंधी विकारों को आमंत्रण देती हैं। आंधी, तूफान आदि आने की आशंका अधिक हो जाती है। पौधों में फोटो संश्लेषण की दर में परिवर्तन आ जाता है।

ओज़ोन परत में कमी के कारण :

प्रदूषित पर्यावरण के कारण आक्सीजन और ओज़ोन का संतुलन बिगड़ता जा रहा है, क्योंकि ओज़ोन एक सक्रिय गैस है, जो कार्बनिक पदार्थों से शीघ्र क्रिया करती है।

वैज्ञानिकों ने कई गहन अध्ययनों के पश्चात निष्कर्ष निकाला है कि वायुमंडल

में (सी.एफ.सी.) क्लोरोफलोरो कार्बन गैस ओज़ोन को क्षति पहुंचाती है।

सी.एफ.सी. एक वाष्पशील गैस है। वर्षा या बर्फ गिरने पर भी यह धरती पर नहीं आती तथा ओज़ोन के लिए उत्प्रेरक का कार्य करती है। यह ओज़ोन अणुओं को आक्सीजन में परिवर्तित करती है तथा यू.वी. बी किरणें आक्सीज़न को ओजोन में बदलती हैं। इस प्रकार आक्सीजन और ओज़ोन का नया संतुलन उत्पन्न होता है।

सी. एफ.सी. गैस का प्रयोग एयरकंडीशनरों के लिए किया जाता है। कई उद्योगों मे प्रयुक्त होने वाली यह गैस वायुमंडल में जाती रहती है। सन् 74 के आंकड़े बताते हैं कि अमरीका से प्रतिवर्ष लगभग 24 करोड़ किलोग्राम क्लोरोफलोरो कार्बन वायुमंडल में जा रहे थे। इन कार्बनों का प्रयोग जितना शीघ्र बंद हो सके उतना ही अच्छा है।

नाइट्रोजन वाले उर्वरक हमारे देश में बहुप्रचलित हैं, जो कि ओज़ोन पर्यावरण के प्रदूषण के उत्तरदायी हैं।

ओज़ोन संधि :

16 सितंबर, 1988 को अंतर्राष्ट्रीय ओज़ोन संधि हुई। इस संधि का उद्देश्य कि सन् 2000 तक सभी राष्ट्र क्लोरोफलोरो कार्बनों का उत्पादन आधा करं देंगे।

कनाडा के पर्यावरण मंत्रालय ने दावा किया–

समाधान के सभी वर्तमान उपायों के बावजूद आज और सन् 2075 के मध्य पैदा हुए 80 लाख से भी अधिक लोगों को ओज़ोन कवच टूटने से त्वचा कैंसर का शिकार होना पड़ेगा।

वैज्ञानिकों का कहना है कि ओजोन की परत के क्षरण को रोकने और उसमें हो चुके छेद को भरने में तभी सफलता मिल सकती है, जब विश्व के सभी देश इस संबंध में की गई संधि 'मांट्रियल प्रोटोकोल' का पूर्णतः पालन करें।

अनेक विकासशील देश आर्थिक कारणों से इस संधि का पालन नहीं कर पा रहे हैं। यदि वे ऐसा करने में स्वयं को अक्षम पा रहे हैं, तो उन्हें ओज़ोन को हानि पहुंचाने वाले तत्वों का उत्पादन बंद कर देना चाहिए अन्यथा इसके दुष्परिणाम संपूर्ण मानव जाति को भुगतने होंगे।

□□

ध्वनि प्रदूषण और पर्यावरण के स्वर

भारतीय चिंतन को संपुष्ट करने में उन मौनी महापुरुषों का बहुत योगदान रहा है जिन्होंने सांसारिक कोलाहल से अपना ध्यान हटाकर अपनी चेतना को अंतर्मन में झांकने का अवसर प्रदान किया। मौन एक साधना है। इसका साधक स्वयं ही साधारण जनमानस से एक सोपान ऊपर पहुंच जाता है। किसी ने कहा है–

हम सभी के लिए
शब्द उथला है
समय की तरह
और मौन गहरा है
शाश्वत की तरह.....

यह हमारा दुर्भाग्य ही कहा जाएगा कि हम इस मौन रूपी वरदान से वंचित हैं, क्योंकि पर्यावरण में फैला ध्वनि प्रदूषण हमें अनुमति नहीं देता कि हम एक क्षण के भी अपना चित्त एकाग्र कर सकें।

हमारे औद्योगिक विकास और तथाकथित मूल्यों ने हमें कोलाहल से भरे अशान्त जीवन में जीने को विवश कर दिया है। अन्य प्रदूषणों के साथ ध्वनि प्रदूषण भी वैज्ञानिकों के लिए चिंता का विषय बन गया है।

प्राचीन समय में मानव मस्तिष्क अपेक्षाकृत शान्त और प्रफुल्ल रहता था। उसे साधारण परिस्थितियों में किसी प्रकार के शोर अथवा आवाज़ों का सामना नहीं करना पड़ता था। समय बदला, आधुनिक मानव ने एश्वर्य और वैभव के नए आयाम तलाश लिए। महीनों की दूरी को दिनों में तय कर लेने के लिए वायुयान बनाए गए। उत्पादन क्षमता के उत्कृष्ट प्रदर्शन के लिए नई मशीनें आईं। संगीत के नए अर्थ ढूंढ निकाले गए। मोटर, रेलों और जैट विमानों के शोर ने समस्त वायुमंडल को प्रदूषित कर दिया।

शोर दैनिक चर्चा का प्रमुख अंग बन गया। किसी ख्यातिप्राप्त नेता का भाषण हो अथवा संत-महात्मा का प्रवचन, विवाह की पूर्व संध्या पर गाए जाने वाले गीत हों या महिला-मंडल का कीर्तन, सभी के लिए माइक का होना जरूरी है। इसके बिना रंग ही नहीं जमता। जब कभी ऊंची आवाज़ में माइक पर प्रभु का गुणगान सुनती हूं, तो कबीर के ये शब्द अनायास ही स्मरण हो आते हैं–

कांकर-पाथर जोड़ के
मस्जिद लई बनाय
वा चढ़ि मुल्ला बांग दे
क्या बहरा हुआ खुदाय?

धीमे सुर में बजता संगीत कितना मनभावन लगता है! वही संगीत यदि उच्च स्वर से बजाया जाए तो कर्णकटु हो जाता है और हम अक्सर अपने हाथों से कान ढक लेते हैं। असहनीय और अनावश्यक ध्वनियों का दूसरा नाम ही ध्वनि प्रदूषण है। यह प्रदूषण हमारी कार्यक्षमता को कम कर देता है और मानसिक सक्रियता को आहत करता है।

वैज्ञानिकों का कहना है कि कोलाहल से अनेक शारीरिक विकारों, व्याधियों और विशेषतः बहरेपन की समस्या उत्पन्न होती है।

ध्वनि-प्रदूषण अर्थात कोलाहल की माप :

अनेक वस्तुओं से भिन्न-भिन्न प्रकार की ध्वनि उत्पन्न होती है। वैज्ञानिक भाषा में ध्वनि उत्पन्न होने का कारण वायु अथवा द्रव्य में अणुओं के बीच की दूरी का घटना या बढ़ना है।

ध्वनि की तीव्रता मापने की ईकाई 'डेसिबल' कहलाती है। इस माप में ध्वनि की शून्य तीव्रता उस स्तर पर होती है, जहां ध्वनि सुनाई देनी आरम्भ होती है।

इसे अलेक्ज़ैन्डर ग्राह्म बेल के नाम पर आरंभ किया गया। श्रव्य प्रदूषण मापने के लिए कई प्रकार के यंत्रों का प्रयोग होता है। इनमें आक्टेव बैंड एनॅलाइज़र प्रमुख है। 10 डेसीबल की ध्वनि तो एक डेसीबल से दस गुना होती है, किन्तु 20 डेसीबल की ध्वनि 100 गुना होती है।

स्वास्थ्य क लिए हानिकारक है, वायुयान ध्वनि, इससे 150 डेसीबल का शोर होता है। मशीनगन की ध्वनि से 130 डेसीबल, सड़क के वाहनों से 70 डेसीबल, अंतरिक्ष यान प्रक्षेपण से 170 डेसीबल, टर्बो जैट इंजन से 170 डेसीबल ध्वनि उत्पन्न होती है जबकि मनुष्य के कान की श्रवण क्षमता है 40 डेसीबल। इससे अधिक ध्वनि असहनीय है, जो कई समस्याओं का कारण बनती है।

शोर उत्पन्न करन वाले स्रोत :

महानगरीय वातावरण में ध्वनि प्रदूषकों की कमी नहीं है। घर में तेज़ आवाज़ में चलता कूलर हो या पंखा, रेडियो हो या टी.वी., सड़क पर प्रेशर हार्न देती बस हो या ट्रक, कार्यालय में गप्प-शप्प हो या भीड़ भरी बस, कारखाने की बड़ी मशीन हो या सिलाई मशीन, तेज़ आवाज़ में बजता संगीत हो या माइक पर राम-धुन, सभी ध्वनि या कोलाहल के कारक हैं।

चारों ओर से घर्र-घर्र, ठक-ठक, पीं-पीं, हा-हा, ही-ही, भिन-भिन, आ...., कू.... की आवाज़ें सुनाई देती हैं। हम इन ध्वनियों के इतने आदी हो चले हैं कि इनकी उपस्थिति में ही हम अपने सब कार्य निपटाते रहते हैं–किन्तु भीतर ही भीतर यह शोर हमें खोखला कर देता है और हम जान भी नहीं पाते।

1. ध्वनि के वेग से भी तेज़ चलने वाले सुपरसोनिक वायुयान कर्कश ध्वनि पैदा करते हैं। हवाई अड्डों के समीप रहने वाले लोग इनके दुष्परिणाम भुगतते हैं। कई देशों में इसी समस्या को ध्यान में रखते हुए इनकी उड़ानें बंद कर दी गई हैं। यह विमान अपने आगे की वायु को तरंगों के रूप में आगे धकेलंता है। तब उसके आगे घनीभूत हवा का दबाव बढ़ने लगता है। ज्यों ही वायुयान की गति 1200 किलोमीटर प्रतिघंटा पहुंचती है तो यह ध्वनि की

गति के बराबर हो जाती है। उस समय वायुयान की नोक के आगे का वायु दबाव ध्वनि तरंगों में बदल जाता है और भयंकर ध्वनि सुनाई पड़ती है।

2. सड़क यातायात के प्रमुख साधन हैं—स्कूटर, बस, ट्रक, कार आदि। इन सब में अन्तर्दहन इंजन होते हैं, जिनमें ईंधन जलने पर तेज़ आवाज़ें उत्पन्न होती हैं। समस्त वाहनों की ध्वनि मिलकर शोर का रूप धारण कर लेती है।

   वाहनों का प्रेशर हार्न एक प्रकार की बेचैनी उत्पन्न करता है। भीड़-भाड़ से भरी सड़क पर गुज़रने के पश्चात् प्रायः कानों में सांय-सांय की आवाज़ सुनाई देती है। चौराहे पर लालबत्ती होते ही सभी वाहनों को रुकना पड़ता है। उस स्थान पर कोलाहल का स्तर 70 डेसीबल से भी अधिक हो जाता है।

3. कारखानों में दिन-रात चलने वाली मशीनें भी शोर का प्रमुख स्रोत हैं। भारी मशीनों से उत्पन्न शोर, श्रव्य क्षमता से कहीं अधिक होता है।

   खदानों में काम आने वाली मशीनें भी आवाज़ पैदा करती हैं। मशीनों की उचित सार-संभाल के अभाव में वह खर-खर, चूं-चूं, खट-खट जैसी अप्रिय ध्वनियां उत्पन्न करती हैं। अधिकतर कारखानों में ध्वनि निरोधी उपचार नहीं होते। अतः प्रतिध्वनि के कारण शोर की तीव्रता अधिक हो जाती है।

   दीपावली का त्योहार वर्ष में एक बार आता है किन्तु इस एक दिन में इतनी आतिशबाज़ी जलाई जाती है, जिसका दुष्प्रभाव पूरे वर्ष भोगना पड़ता है। कीमती कनफोड़ पटाखे एक क्षण के धमाके के साथ स्वाह हो जाते हैं। हमारे हाथ आता है—विषैले धुएं का बादल और कानों में सनसनाहट!

   आजकल जन्मदिवस, खुशी का कोई अवसर अथवा विवाह समारोह में भी आतिशबाज़ी छोड़ने का प्रचलन बढ़ रहा है। इस आतिशबाज़ी से ध्वनि और वायुप्रदूषण की मात्रा में वृद्धि होती है।

4. एक भारतीय गृहस्थ के घर में रेडियो, टी.वी., पंखा, कूलर, फ्रिज, वैक्यूम क्लीनर, और एयरकंडीशनर आदि साधनों का होना आम बात है। इनसे निकलने वाली कर्कश ध्वनियां भी स्वास्थ्य के लिए घातक हैं।

   रंगीन टी.वी. की किरणें कोमल आंखों को नुक्सान पहुंचाती हैं। घर्र-घर्र की आवाज़ के साथ चलता कूलर अथवा पंखा, मस्तिष्क पर एक प्रकार का दबाव बनाए रखता है। जिससे मनुष्य तनाव की स्थिति से उभर नहीं पाता।

5. ऊंची आवाज़ में बजते लाउडस्पीकर भी कोलाहल प्रदूषण का कारक हैं। सुबह-शाम मन्दिर और गुरुद्वारे के माइक पर आरती और शब्द चलते रहते

हैं। मुहल्ले में कोई न कोई धार्मिक प्रेमी अपने धार्मिक समारोह के प्रचार-प्रसार के लिए दूर-दूर तक माइक लगवा ही देते हैं। फिर चाहे आप बीमार रहें अथवा वृद्ध, चाहे-अनचाहे आप को वह कार्यक्रम सुनना ही पड़ता है।

6. अन्तर्नगरीय रेल सेवाएं अपने इंजन की आवाज़ें और सीटी भी आस-पास बसने वाली बस्तियों के लिए ध्वनि प्रदूषण का कारण बनती हैं।
7. शहरों में निर्माण कार्य काफी तेज़ी से चलता रहता है। आए दिन बहुमंज़िला इमारत के दर्शन हो जाते हैं। निर्माण प्रक्रिया में रोलर, बजरी मिलाने वाली मशीनें आदि कोलाहल फैलाती हैं। ठक-ठक की आवाज़ से एक बेचैनी उत्पन्न होती है। लगातार ईंटें कूटी जाती हैं और विशाल खम्बे गाड़े जाते हैं। यह शोर भी कम हानिकारक नहीं है।
8. आए दिन नई फिल्म का विज्ञापन या फिर शहर में लगने वाली सेल के प्रचार के लिए माइक पर घोषण की जाती है। यह भद्दी आवाज़ इतनी बुरी लगती है कि बरबस ही कानों तक हाथ पहुंच जाते हैं।
9. सब्ज़ी, कुल्फी, आइसक्रीम और अन्य फेरी वाले भी अपनी कठोर और बेढंगी आवाज़ों से सुबह-शाम परेशान करते रहते हैं। इन के चलते, मनुष्य एकाग्र होकर कार्य कर ही नहीं सकता।

ध्वनि-प्रदूषण के भयंकर परिणाम :

शहर के अधिकांश लोगों में चिड़चिड़ेपन और तनावग्रस्त होने का प्रमुख कारण शोर ही है। यह प्रत्यक्ष अथवा परोक्ष रूप में हृदय पर भी अपना दुष्प्रभाव छोड़ता है।

शायद आपको विश्वास नहीं होगा किन्तु इसी के कारण हम कई बार अकारण क्रोधित हो उठते हैं। शोर हमारे स्नायुतन्तुओं को उत्तेजित करता है। इसी कारण रक्तचाप बढ़ता है और गुस्सा आ जाता है।

शोर से मनुष्य की कार्यक्षमता घटती है। जिस समय आप तल्लीनता से कोई पुस्तक पढ़ रहे हों अथवा किसी कार्य में लगे हों तो ज़रा-सी भी व्यवधान आपकी एकाग्रता भंग कर देता है।

तेज़ ध्वनि से हृदय की धड़कन बढ़ जाती है। धमनियां सिकुड़ती हैं और पेट में भी कई विकार उत्पन्न हो जाते हैं। कुछ पशुओं पर किए गए अध्ययन से आश्चर्यजनक परिणाम सामने आए। पता चला कि इससे गुर्दे के रोगों की संभावना अधिक हो जाती है। कारखानों में काम करनेवाले लोग लगातार इस प्रदूषण का सामना करते हैं। मशीनों के शोर के कारण या तो वे अपनी श्रवण शक्ति खो बैठते हैं या फिर मानसिक

तनाव में जीते हैं। अधिक शोर से कभी-कभी सिर दर्द भी होने लगता है। वे लोग धीमी आवाज़ में की गई बात सुनने में अक्षम रहते हैं।

अमेरिका के वैज्ञानिकों का मानना है कि 120 डेसीबल से अधिक स्तर का कोलाहल गर्भवती स्त्रियों और उनके उदर में पल रहे बच्चों के लिए हानिकारक सिद्ध होता है।

अवांछित ध्वनि तरंगें स्मरण शक्ति पर भी प्रभाव डालती हैं। प्रायः आपने लक्ष्य किया होगा कि वक्ता के भाषण के समय कोई बोलने लगे तो वह अपने विषय-वस्तु से चूकने लगता है। ऐसा इसलिए होता है क्योंकि उसकी स्मृति और अभिव्यक्ति का तालमेल बिगड़ जाता है।

हमारे प्राध्यापक अपने व्याख्यान के दौरान किसी भी प्रकार की ध्वनि सहन नहीं कर पाते थे और कक्षा छोड़ देते थे। एक प्रयोग के दौरान कुछ बच्चों को शोरगुल से भरे वातावरण में कुछ तस्वीरें दिखाई गईं तथा कुछ बच्चों के साथ शान्त वातावरण में वही प्रक्रिया दोहराई गई। शान्त वातावरण वाले बच्चों की स्मरण शक्ति दूसरे बच्चों की अपेक्षा कहीं अधिक पाई गई।

भयंकर विस्फोटों से अचानक हृदय-गति रुकने और बहरेपन के कई केस सामने आए हैं। सुपरसोनिक विमानों के सोनिक बूम से कानों में एक विचित्र सन-सन होने लगती है।

तीव्र शोर से कई प्रकार के मनोविकार उत्पन्न होते हैं। दीर्घकालीन प्रभाव के कारण मनुष्य पागल भी हो जाए तो यह अचरज नहीं है।

पाश्चात्य संगीत बैण्ड, राक म्यूज़क आदि वातावरण में ज़हर घोलने का कार्य बखूबी निभाते हैं। तेज़ संगीत की धुन पर नाचता युवावर्ग उन्मत हो उठता है। लगभग 94 डेसीबल शक्ति के शोर से उत्पन्न हुई ध्वनि 120 डेसीबल तक जा पहुंचती है जिससे कानों में झनझनाहट और दर्द का अनुभव होने लगता है।

संगीत समाप्त होने के घंटों बाद भी शरीर में परिवर्तन महसूस किया जा सकता है। अध्ययनों से पता चला है कि पर्यावरण में शोर की तीव्रता प्रत्येक दस वर्ष में दुगुनी होती जा रही है।

ध्वनि प्रदूषण को रोकने के संभावित उपाय :

यूं तो हमारी सरकार ने ध्वनि तीव्रता की अधिकतम सीमा विभिन्न क्षेत्रों में तय कर रखी है किन्तु उन प्रतिबन्धों को कौन मानता है? अस्पतालों के बाहर हार्न बजाना मना है, किन्तु हम बेधड़क बजाते हैं। रात ग्यारह बजे के पश्चात माइक लगाने के लिए पूर्व अनुमति आवश्यक है, किन्तु कौन लेता है? वाचनालयों और पुस्तकालयों

आदि स्थानों पर 'शान्त रहिए' का बोर्ड लगा रहता है। उसे पढ़कर भी उन शब्दों पर कौन अमल करता है? भड़-भड़ की ध्वनि से सारे वातावरण को विषाक्त करने के लिए अनेक वाहन चौबीसों घंटे तत्पर रहते हैं। हम मन ही मन बड़बड़ा कर चुप हो लते हैं, किन्तु उन्हें रोक नहीं पाते हैं। तेज़ आवाज़ में अश्लील गीतों का स्वर दिन-रात हमारे कानों में गूंजता रहता है। हम चाह कर भी पड़ोसी को इस अबाध्यता के लिए नहीं टोकते हैं।

इन सब प्रश्नों का उत्तर केवल एक है—'नहीं'। दरअसल हम किसी भी कार्य का उत्तरदायित्व लेने में संकोच करते हैं। 'ध्वनि-प्रदूषण की रोकथाम के लिए हर एक को कदम उठाना होगा।' जिस दिन यह भावना प्रत्येक के हृदय में बैठेगी उसी दिन इस प्रदूषण से जुड़ी आधी समस्याओं का निराकरण हो जाएगा।

कारखानों में होने वाले शोर से बचने के भी कई उपाय हो सकते हैं। पुरानी मशीनों की आयॅलिंग पर ध्यान दिया जाए। टूटे पुर्जे बदलने में लापरवाही न बरतें। स्थान-स्थान पर ध्वनि शोषक यंत्र लगाए जाएं। जिन मशीनों का शोर कम नहीं किया जा सकता, वहां काम करने वालों को हैलमैट और ईयर प्लग्स दिए जाएं। वैल्डिंग से होने वाला शोर रिवेटिंग के प्रचलन से रोका जा सकता है।

विदेशों में कुछ ऐसे यंत्रों का आविष्कार हो चुका है, जिन्हें कानों में लगाने से मशीनों की गड़गड़ाहट से बचा जा सकता है। हां, आपसी बातचीत में कोई बाधा नहीं आएगी। सरकार स्वयं पहल करे और ऐसे कानून बनाए जाएं जो मिल मालिकों को मज़दूरों की स्वास्थ्य-रक्षा के लिए विवश करें। ध्वनि निरोधक छतों और दीवारों के निर्माण से भी कारखानों में ध्वनि प्रदूषण से बचा जा सकता है।

यह सत्य है कि प्रत्येक वस्तु से निकलने वाली ध्वनि को हम रोक नहीं सकते। किन्तु उन पर नियंत्रण तो कर ही सकते हैं। मसलन, वाहनों के इंजन से होने वाला शोर एकदम बंद नहीं हो सकता, लेकिन हम वाहनों का अनावश्यक प्रयोग तो बंद कर ही सकते हैं।

जहां एक ही स्थान पर जाने के लिए पिता-पुत्र अलग-अलग कार का प्रयोग करते हों, वे पैट्रोल की बचत करें। एक ही कार में गंतव्य तक पहुंचें। एक ही मुहल्ले के यदि दस लोग अलग-अलग कारें लेकर निकलते हों तो वे कारपूल का प्रयोग करें। इस तरह अपने आप ट्रैफिक जाम की समस्या भी समाप्त हो जाएगी। कम दूरी की यात्रा के लिए साइकिल का प्रयोग करें। जब तक जरूरी न हो वाहन का हार्न न बजाएं। आजकल युवावर्ग में बिना साइलेंसर की बाइक चलाने का शौक बढ़ रहा है। मेरा कहना है कि वे किसी और माध्यम से दूसरों का ध्यान अपनी ओर खींचने की

चेष्टा करें।

अधिकांश विद्यालयों की बसें दूर-दूर से बच्चों को लेने जाती हैं। उनके चालक बेवजह हार्न बजाकर आस-पास वालों को परेशान न करें। स्कूल में बच्चों को ध्वनि-प्रदूषण के कुप्रभावों से अवगत कराया जाए ताकि वे अपने माता-पिता को भी इन अनजाने संकटों से अवगत करा सकें। जहां कहीं भी कानून तोड़ने वाला दिखाई दे, बेझिझक उसकी शिकायत करें।

शायद आप नहीं जानते कि आपके मनोरंजन के इन साधनों के पीछे जाने कितने बाल मजदूरों के शोषण की कथा छिपी है! अतः इस बार दीवाली को आतिशबाजी रहित मनाने का संकल्प लें।

रेडियो, टी.वी. आदि कम आवाज में ही अच्छे लगते हैं। स्वयं भी धीमी आवाज रखें और पड़ोसी को भी प्यार से समझाएं। नुक्कड़ पर दिन-रात बजने वाले गानों का विरोध करें, चाहे वह ढाबा हो या पान की दुकान।

मंदिर और गुरुद्वारे के अधिकारियों से तेज़ आवाज़ की शिकायत करें। यकीनन वे आपकी समस्या पर ध्यान देंगे और आप चैन की नींद ले पाएंगे।

कालेज के विद्यार्थी अवांछित आवाज़ों से बचने का प्रयास करें, क्योंकि निरर्थक शोर के प्रभाव से मस्तिष्क की ग्रहणशीलता समाप्त हो जाती है।

आफिसों में आपसी बातचीत प्रायः बहस का रूप ले लेती है, जिससे कोलाहल-सा मच जाता है। बेशक आप इसे रोक नहीं सकते, किन्तु स्वयं ऐसी स्थिति में पड़ने से बचें।

रेलगाड़ियों, बसों और सार्वजनिक स्थानों पर अक्सर राजनीति पर चर्चा छिड़ जाती है। फिर तो प्रत्येक व्यक्ति अपने पक्ष की दलील देने को उत्सुक हो उठता है। इस शोर में कोई भी किसी की नहीं सुन पाता। सभी अपना-अपना राग अलापते हैं। आप ऐसी शोर से भरी भीड़ का हिस्सा न बनें।

फेरी वालों को बेवक्त आवाज़ें लगाने से टोंके और सरकार द्वारा बनाए गए कानूनों का सम्मान करें।

यदि इन छोटी-छोटी बातों का ध्यान रखा गया तो वह दिन दूर नहीं जब हमें पुस्तकों से ध्वनि-प्रदूषण का पाठ ही हटाना पड़ेगा। हम सब मौन की शक्ति जान जाएं, यही मेरी कामना है, क्योंकि सयाने भी तो यही कह गए हैं–"If speech is silver then silence is gold."

❑❑

पृथ्वी कूड़ेदान नहीं है !

धरती मां धीरज की देवी है। सदियां बीत गईं, लाखों, करोड़ों जातियां आईं और चली गईं। जाने कितने लोगों के पांव तले कुचली गई। उनके ज़ुल्म सहे। किन्तु फिर भी मां का दिल नहीं दुखा। वह उसी स्नेहपूरित भाव से स्वार्थी मानव का पालन-पोषण करती रही। उसके आराम, भोजन और वस्त्रों की समस्या का निपटारा करती रही। किन्तु कभी नहीं थकी। कभी भी अपनी उदारताओं के बदले में कुछ नहीं मांगा।

मूर्ख मनुष्य की कारगुज़ारियां, ज्वालामुखी, झंझावत, प्राकृतिक आपदाएं, जलप्लावन, अकाल आदि विभिषिकाएं झेल कर भी वह दोनों हाथों से रत्न उलीचती रही। यहां तक कि मनुष्य के मरने के बाद भी उसने उसका दामन नहीं छोड़ा और उसे अपनी माटी में मिला लिया।

अब धैर्यच्च्युत हो रही है धरती :

इतना सब कुछ सह लेने पर भी जब धरती के स्वभाव में कोई अन्तर नहीं आया तो हम यह मान बैठे कि उस पर अत्याचारों का कोई प्रभाव ही नहीं होता। हमने दोनों हाथों से उसका दोहन आरम्भ कर दिया। औद्योगिकीकरण और तीव्र जनसंख्या के दबाव ने माटी को पैरों तले रौंदना शुरू कर दिया। नित माटी के शील भंग की घटनाएं होने लगीं। धरती को मां कह कर मस्तक नवाने वाले कृषक भी जब उसे ट्रैक्टर तले पीसने लगे तो वह कराह उठी। उसकी सहनशक्ति चुक गई। ऐसा नहीं कि उसने हमें सुधार का अवसर न दिया हो। वह बारंबार चेतावनी देती रही। वह सुधार की प्रतीक्षा करती रही। किन्तु हमारे कानों पर जूं तक न रेंगी। नतीजा वही हुआ जो होना चाहिए था। धरती के स्वभाव में परिवर्तन आने लगा। वर्षों से चलते आ रहे नियम और मानदण्ड टूटने लगे, क्योंकि हमने धरती को कूड़ेदान बनाने में कोई कोर कसर नहीं रख छोड़ी। अब यदि धरती उस उपेक्षा का प्रतिशोध लेना चाहती है तो इसमें क्या अनुचित है?

ठीक ही तो है—जो जैसा बोएगा, वैसा ही काटेगा। हमने बबूल बोया तो आम खाने की इच्छा क्यों रखते हैं?

कूड़ा ही कूड़ा जहां देखते हैं!

उपयोग के पश्चात् अनुपयोगी मान कर प्रतिदिन हम बहुत-सा सामान घर से बाहर फेंक देते हैं। अंदर से हमारा घर साफ-सुथरा और चमकदार लगने लगता है। किन्तु वही कूड़ा हमारी धरती को कितना गंदा कर रहा है, यह हम विचार नहीं करते।

घरों में सफाई के पश्चात् धूल-मिट्टी के अतिरिक्त कागज़, प्लास्टिक, कांच, सब्ज़ियों और फलों के छिलके, गत्ते के टुकड़े, कपड़ों में लिपटा बच्चो का मल, टूटी चप्पलें, बालो के गुच्छे, चमड़े के टूटे बैल्ट और पर्स, फटे कागज़, डायरियों के कवर, टायर, अधजली सिगरेटें और बीड़ियां, पौलीथीन की थैलियां, कांच के टुकड़े, गिलास और बोतलें, तरह-तरह के रैपर्स, नारियल की जटाएं, सूखे फूल-पत्तियां, गाय-भैंस का गोबर, प्लास्टिक का टूटा सामान, फटे बस्ते, और भी कितना गंद निकलता है। यह कूड़ा परत-दर-परत जमा होता जाता है और धरती को कचरादान बना देता है।

नगरपालिका अपशिष्ट में मृत जानवरों के अवशेष, मकानों का मलवा, मल-मूत्र और कई प्रकार की गंदगी भी शामिल हो जाती है। उद्योगों से निकले अपशिष्टों में

धातु के टुकड़े, रसायनिक पदार्थ, विषैले ज्वलनशील पदार्थ, अम्लीय और क्षारीय पदार्थ तथा राख आदि होते हैं।

कृषि अपशिष्टों में भूसे, सड़े हुए, घास-फूस और पत्तियों आदि में पानी गिरने से सड़न उत्पन्न होती है और वातावरण प्रदूषित होता है।

इस प्रकार अपशिष्ट पदार्थों की मात्रा में निरंतर वृद्धि होती जा रही है। इनके निस्तारण की अव्यवस्था के कारण पर्यावरण का प्रदूषण दिन-ब-दिन बढ़ता जा रहा है।

संयुक्त राष्ट्र अमरीका जैसे देशों में प्रतिवर्ष अपशिष्ट पदार्थों की मात्रा 4.34 करोड़ टन होती है। उसी हिसाब से भारत जैसे देश की हालत का अनुमान आप स्वयं ही लगा सकते हैं।

कूड़ों का ढेर, चीखते-चिल्लाते गिद्ध, थूथन उठाए घूमते सूअर, यह सब हमारी ही लापरवाही का फल हैं।

इन अपशिष्ट पदार्थों से भू, वायु तथा जल का प्रदूषण होता है। यदि इन्हें समुद्र में डालें तो सामुद्रिक परिस्थितिकी तंत्र में असंतुलन का खतरा पैदा हो जाता है।

रसायन मिश्रित जल रिसाव द्वारा भूमिगत जल तक पहुंच जाता है और उसे प्रदूषित कर देता है।

भूमि की उर्वरा शक्ति के ह्रास में इन अपशिष्टों का गहरा योगदान है। इनके कारण मलेरिया, हैज़ा, पेचिश और पीलिया आदि रोग उत्पन्न होते हैं।

मल जल द्वारा सिंचाई करने से मृदा में उपस्थित सूक्ष्म जीव मारे जाते हैं, जो भूमि के लिए आवश्यक हैं।

उर्वरा ज़मीन के लिए वर्षों प्रतीक्षा करनी पड़ती है, किन्तु उसे बंजर बनाने में अधिक समय नहीं लगता। अतः हमें कूड़ा-प्रबंधन में सावधानी बरतनी चाहिए।

अपशिष्ट पदार्थों का एकीकरण एवं विस्तार की समस्या अपने आप में एक बहुत बड़ा प्रश्न है।

विशाल दहन प्लांट में अपशिष्ट पदार्थों को जला कर उनके कुप्रभाव से बचा जा सकता है। बस इतना ध्यान रहे कि वायु प्रदूषण का खतरा न बढ़े, क्योंकि यह तो वही बात हो जाएगी कि "आसमान से गिरे और खजूर में अटके।"

गोबर से बायोगैस बनाई जा सकती है। अपशिष्ट पदार्थों को सड़ा-गला कर उत्तम कम्पोस्ट बना सकते हैं। इससे फसलों के उत्पादन में सुधार होगा।

नगरों में मल-जल की निकासी के लिए उचित सीवरेज की व्यवस्था की जाए। अपशिष्ट पदार्थों से विद्युत उत्पादन के भी नए तरीके खोज निकाले गए हैं। इससे मीथेन गैस प्राप्त की जा सकती है।

ऐसे पदार्थ जिनकी रिसाईकलिंग की जा सकती है, उन्हें आम कूड़े से अलग रखा जाए। विदेशों में अलग-अलग प्रकार का कूड़ा अलग-अलग थैलों में डालने का नियम बनाया गया है। इस प्रकार कूड़े का प्रबंध करने वाली दिक्कतें कुछ कम हो जाती हैं।

पुनर्चक्रण से कागज़ और लोहे की कतरनों से स्टील आदि बनाया जा सकता है।

वे लोग जो अपशिष्ट पदार्थों के निस्तारण में लापरवाही बरतते हैं, उनके लिए कुछ कानून बनाए जाएं और सख्ती से उनका पालन किया जाए।

कोई भी व्यक्ति यह न सोचे कि केवल उसके कूड़े से कोई अंतर नहीं पड़ता। ज़रा सोचें, यदि एक-एक कर सभी व्यक्ति यह सोच कर कूड़े को उचित जगह पर नहीं डालेंगे तो धरती पर गंदगी की मात्रा कितनी अधिक हो जाएगी!

अतः इस कार्य के लिए व्यक्तिगत चेतना का होना बहुत ज़रूरी है। यदि आप दो वर्षीय बच्चे को ज़मीन पर कूड़ा बिखेरने से नहीं रोक पाते तो संभवतः आप स्वयं भी ऐसा करने के अभ्यस्त हों। भूमि पर कीटनाशक पदार्थों का संभल कर प्रयोग करें। यह एक धुरी है, जिसके आस-पास वायु, जल, मानव और वनस्पति जगत घूमता है। इसका प्रदूषण अर्थात् हम सब की शामत।

सरकार द्वारा खतरनाक अपशिष्टों के निस्तारण हेतु कुछ कानून बनाए गए हैं। जिनके पालन से यह समस्या काफी हद तक सुलझाई जा सकती है।

1. **द पाइजन एक्ट, 1919**
2. **द ड्रग्स एंड कास्मेटिक्स एक्ट, 1940**
3. **द फैक्ट्रीज एक्ट, 1948**
4. **द इंड्रस्टीज एक्ट, 1951**
5. **द प्रिवेन्शन ऑफ फूड एडल्ट्रेशन एक्ट, 1954**
6. **द इनसेक्टिसाइस एक्ट, 1968**

यह विशाल धरती हमारा घर ही तो है। कोई व्यक्ति आखिर किस सीमा तक अपने घर में गंदगी फैला कर स्वयं निरोगी बना रहेगा? आखिर एक दिन तो ऐसा आएगा ही जब उसे अपने दोषों का दण्ड भुगतना होगा। तो क्यों न समय रहते ही भूल सुधार ली जाए परिवार में धरती से स्नेहिल संबंधों की स्थापना की पहल की जाए।

❑❑

प्रदूषण के बढ़ते कदम रोकिए

भव्य इमारतें दिन-ब-दिन प्रदूषित होती जा रही हैं। सफेद संगमरमर का बना ताजमहल दुनिया के सात आश्चर्यों में से एक है। इसमें कोई दो राय नहीं कि वही ताजमहल आज औद्योगीकरण और दूषित पर्यावरण की भेंट चढ़ गया है।

17वीं शती में शाहजहां ने अपनी प्रिया मुमताज़महल की स्मृति में यह बनवाया था। आगरा में यमुना तट पर बने कला के अद्‌भुत नमूने को देखने देश-विदेश से लोग आते हैं। संगमरमर की महीन पच्चीकारी, स्थापत्य कला का कोई सानी नहीं है।

अव से कुछ समय पहले चांदनी रातों में ताज देखने का आकर्षण ही कुछ और था। विदेशी पर्यटक महंगी टिकटें खरीदकर भी इसके दर्शन करते थे। किन्तु अब चांद

भी वही है, ताज भी वही है, पारखी नज़र भी वही है, किन्तु ताज की आभा मंद पड़ गई है।

जिस अनूठे स्मारक ने हमें विदेशों से प्रचुर वैभव और यश दिलवाया, वही सार-संभाल उचित न होने के कारण पीला पड़ता जा रहा है।

शुद्ध संगमरमर सफेद रंग का होता है। यह रवादार और सघन पत्थर है अतः इस पर आसानी से पालिश की जा सकती है किन्तु प्रदूषण के चलते यह पालिश भी उतर जाती है।

मथुरा के तेल शोधक कारखाने, आस-पास बनी फैक्ट्रियां, चूल्हे, मोटरें, पैट्रोल, मिट्टी का तेल, और डीज़ल आदि से उत्पन्न होने वाली गैसें बड़ी शान से संगमरमर पर अपना प्रभाव छोड़ रही हैं।

सल्फर डाइ-आक्साइड गैस, कार्बन डाइ आक्साइड, कालिख के बारीक कण अनेक रूपों में प्रदूषण फैलाते हैं परिणामतः ताजमहल की बाहरी और भीतरी सतहों पर मैल की परत जम जाती है। वर्षा के पानी के साथ कालिख, कार्बन और धूल के कण संगमरमर के महीन छिद्रों में घुस कर उसे मलिन करते हैं।

ताजमहल की सुरक्षा का दायित्व केवल सरकार का नहीं है। प्रत्येक भारतीय नागरिक का कर्तव्य बनता है कि वह अपनी राष्ट्रीय धरोहर की देख भाल करे। अनजाने में हम स्मारकों को अपनी लापरवाही के ऐसे नमूने सौंप देते हैं, जिनका खमियाज़ा वे वर्षों भुगतते हैं।

ताजमहल के आस-पास वाले क्षेत्रों में ऐसे उद्योग धंधों पर रोक लगनी चाहिए, जो अपनी व्यर्थों से उसे नुक्सान पहुंचाते हैं। नियमित रूप से ताजमहल की सफाई की जाए ताकि प्रदूषित तत्व स्थायी रूप से असर न दिखा पाएं।

ताजमहल का परिसर और आस-पास की हरियाली पर ध्यान दिया जाए। यह देखने में तो सुन्दर लगेगी ही, साथ ही प्रदूषित पर्यावरण में उपस्थित कार्बन डाइ आक्साइड की सांद्रता को घटा कर शुद्ध भी करेगी।

मथुरा का तेल-शोधक कारखाना दिन-रात प्रदूषण फैलाने में सक्रिय है। इसे वहां से हटाना आवश्यक है क्योंकि यह ताजमहल के साथ-साथ कई स्मारकों को भी नुक्सान पहुंचा रहा है। आगरा के दयालबाग में पिछले सत्तर सालों से एक अधूरी इमारत का निर्माण कार्य चल रहा है। दर्शक ताजमहल देखने के साथ इसे देखना भी नहीं भूलते। इस इमारत को 'स्वामी बाग' के नाम से जाना जाता है। यहां स्वामी जी महाराज की समाधि का निर्माण हो रहा है। वे राधा स्वामी मत के प्रवर्तक थे। इसकी बारीक और खूबसूरत शिल्पकारी देखकर तो आंखें चौंधिया जाती हैं। सफेद और

गुलाबी संगमरमर से बनी यह इमारत एक दिन ताजमहल के समकक्ष गिनी जाएगी। किन्तु अफसोस! पर्यावरण की बिगड़ती हालत का इस पर भी बुरा प्रभाव पड़ रहा है।

आगरा के समीप ही भरतपुर में राष्ट्रीय पक्षी विहार है। यहां देश-विदेश के लुभावने पक्षियों का जमावड़ा लगता है। अगर प्रदूषित पर्यावरण को न सुधारा गया तो हम अनूठे और दुर्लभ पक्षियों से वंचित हो जाएंगे।

इनके अलावा फतेहपुर सीकरी, आगरा का किला, अकबर का मकबरा भी दर्शनीय है। इन स्मारक चिन्हों की रक्षा भी हमारा दायित्व है।

❑❑

चेतना जागृति और पर्यावरण

"सिर साँटे रूख रहे, तो भी सस्तो जाण"

यह शब्द कहे थे गुरु जांभो जी ने। वह बिशनोई समाज के प्रवर्तक थे। गुरु जी ने 29 नियमों को आधार बना कर एक विशेष जीवन-पद्धति का निर्माण किया था। इन (बीस+नौ) नियमों का पालन करने वाले बिशनोई कहलाए। इन नियमों में विष्णु भगवान का स्मरण, शुद्ध जीवन, शुद्ध आहार, मद और मांसाहार का त्याग, जीवों पर दया, हरा वृक्ष नहीं काटना, सत्य संभाषण और यज्ञादि सम्मिलत थे।

जांभो जी का पूरा नाम है–गुरु जंभेश्वर। इनका जन्म जोधपुर परगने के पीपासर गांव में हुआ। बाल्यकाल से ही इनका व्यवहार सबके लिए अचरज का विषय था। माता-पिता चिंतित हो उठे। बालक को मूक मानकर तांत्रिक को उपचार हेतु बुलवाया गया। जांभो जी के प्रकाश की पहली किरण प्रकट हुई और उनके मुख से उच्चारित हुआ–

ओऽम गुरु चीन्हो, गुरु चीन्ह पुरोहित
गुरुमुख धर्म बखाणी
जो गुरु होय वा सहजे शीले नादे वेदे,
तिहिं गुरु का आलिंकार पिडाणी।

जांभो जी पर्यावरण के संतुलन पर बहुत ध्यान देते थे। उन्होंने कई स्थानों पर वृक्ष लगवाए। लोगों में वृक्षों के प्रति प्रेम और सुरक्षा की भावना जागृत की। उनका मानना था कि प्रकृति मानव की सहचरी है। अतः प्रत्येक मनुष्य को प्रकृति प्रेमी होना चाहिए और वृक्षों की सुरक्षा हेतु सर्वस्व बलिदान को तत्पर रहना चाहिए।

उनके अनुयायियों ने हरे वृक्षों की कटाई को रोकने के लिए हंसते-हंसते अपने प्राण त्याग दिए थे। यह घटना सन् 1730 में घटी। जोधपुर के महाराज अभयसिंह को महल निर्माण के लिए चूना बनवाने हेतु लकड़ी की आवश्यकता थी। राजा के भंडारी ने खेजड़ली गांव के वृक्षों को काटने का आदेश जारी कर दिया। बिशनोई अपनी आंखों के आगे जीवित वृक्षों की कटाई कैसे सहन करते उन्होंने विरोध किया तो प्रशासन की ओर से घोषणा हुई–

"यदि वृक्षों को बचाना चाहते हो तो एक वृक्ष के लिए एक व्यक्ति की आहुति देनी होगी।"

घोषणा सुनते ही लोगों में खलबली मच गई। राजसेवकों ने सोचा कि सब भयभीत हो कर भाग रहे हैं–किन्तु कुछ ही क्षणों में दृश्य बदल गया। वृक्षों को बचाने के लिए स्त्रियों, पुरुषों और बालकों में होड़ लग गई। उस दिन उन पर्यावरण प्रेमियों ने अपने प्रेम का पूरा मूल्य चुकाया। 363 बिशनोई जल्लादों की कुल्हाड़ियों से कट कर मारे गए। विश्व इतिहास में प्राकृतिक संपदा को बचाने का यह पहला उद्धरण है।

यहीं से 'चिपको आंदोलन' आरंभ हुआ। यहां एक शहीदी स्मारक बनाया गया जहां प्रतिवर्ष सितम्बर माह में प्रकृति प्रेमियों का मेला लगता है। वे उन शहीदों का स्मरण करते हैं और पर्यावरण रक्षा के संकल्प को दोहराते हैं।

मार्च 1973 में गढ़वाल में 'चिपको आंदोलन' का पुनर्जन्म हुआ। सुंदरलाल बहुगुणा और चण्डी प्रसाद सरीखे व्यक्तियों के योगदान से यह फला-फूला।

उत्तर प्रदेश के वन-विभाग ने पहाड़ी गांवों की आवश्यकताओं को नज़र अंदाज़ करते हुए इलाहाबाद की एक खेल-कूद का सामान बनाने वाली एक कंपनी को 'अंग' वृक्ष काटने की अनुमति दे दी। जबकि कुछ ही समय पूर्व ग्रामवासियों ने बैल का जुआ बनाने के लिए अंगू की लकड़ी मांगी थी तो उन्हें दो टूक उत्तर मिला था–वन विज्ञान की दृष्टि से यह संभव नहीं है। ग्रामवासियों का प्रतिरोध स्वाभाविक था। वह इस हल्की और मज़बूत लकड़ी से खेती-बाड़ी के औज़ार बनाते थे जोकि उनकी मूल आवश्यकता थी।

दशोली ग्राम स्वराज्य संघ, निरक्षर कृषकों का संबल बना। उसने निर्णय लिया कि वह डट कर मुकाबला करेगा। गांव वालों को वनसंपदा से रोज़गार और उचित लाभ अवश्य मिलना चाहिए। यह उनका मूलभूत अधिकार है।

परन्तु समस्या यह थी कि वृक्षों की कटाई को रोकने का क्या उपाय हो? इसी पर विचार करते-करते वह दिन भी आ पहुंचा जब साइमन कंपनी वाले वृक्ष काटने वन तक आ पहुंचे। एकाएक चण्डीप्रसाद भट्ट (एक प्रमुख कार्यकर्ता) चिल्लाए–"हम वृक्ष नहीं कटने देंगे। उनसे अंगवाल्ठा (आलिंगन) कर लेंगे।"

इसी एक पंक्ति ने अपना प्रभाव दिखाया। गोपेश्वर और मण्डल वासियों ने निश्चय कर लिया कि वे पेड़ के तनों से लिपट जाएंगे, चाहे वार उनकी पीठ पर ही हो। यहीं से 'चिपको आंदोलन' अपने सशक्त रूप में उभरा।

इस आंदोलन ने आम व्यक्ति को एहसास दिलाया कि वनों की उपयोगिता केवल इसलिए नहीं कि वह आर्थिक लाभ के साधन हैं। वन भूस्खलन और भूक्षरण को रोकने में भी महत्त्वपूर्ण भूमिका निभाते हैं।

रेणी गांव की महिलाएं वृक्षों की कटाई रोकने के लिए कटिबद्ध हुईं और काटने वाले श्रमिकों को जंगल से निकाल बाहर किया। महिलाओं का वनों से गहरा नाता है। यही वन फल, फूल, घास, पशुओं का चारा और ईंधन की सूखी लकड़ी उपलब्ध कराते हैं। इसी विचारधारा को सर्वसाधारण के सम्मुख पेश करते हुए उन्होंने कहा था—

"यह जंगल हमारा मायका है, हम इसे कटने नहीं देंगे।"

शनैः शनैः चिपको आंदोलन विशाल रूप धारण करता गया। अनेक विद्वानों, राजनीतिज्ञों और समाजसेवियों ने भी समय-समय पर इसे सहायता दी। कई कार्यकर्ताओं ने भूख हड़ताल और उपवास रखे जिससे जनता में जागृति उत्पन्न हुई। लोक साहित्य में प्रकृति से लगाव और पर्यावरण की रक्षा से जुड़े मधुर लोक गीतों की रचना हुई। कवि हृदय व्यक्तियों के मधुर भाव कविताओं के रूप में मुखर हो उठे। आंदोलन स्थान पर जाकर प्रेरणा देने वाले कवि घनश्याम सैलानी ने सरस और सरल भाषा में गीत रचे जिन्होंने ग्रामीणों के मन को छू लिया। यहां तक कि भोले-भाले बालक भी चिपको आंदोलन में कूदे। उन्हें गीतों के माध्यम से पता चला कि हरे-भरे लहलहाते वृक्षों की

अंधाधुंध कटाई ने ही उनके परिवार में आर्थिक संकट गहराया है और यही भूस्खलन का भी कारण है।

घनश्याम जी के गीत की कुछ पंक्तियों की बानगी देखें। रचना का शीर्षक है–''पेड़ की पुकार''

मैं अन्न हूं, मैं दूध हूं, मुझे मत काटो।
मुझे पीड़ा लगती है, इसलिए मेरा नाम पेड़ है।
मेरी रक्षा करो, मुझे लाओ और धरती को सजाओ।
खेत की मेड़ पर, पहाड़ की ढाल पर मैं खड़ा हूं।
मैं मिट्टी को बचाता हूं, उसे बनाता हूं।
मुझे मत काटो, याद रखो नीचे गांव है।।

यह आंदोलन पूर्णतया अहिंसा पर आधारित है। आंदोलन के प्रणेता श्री सुंदर लाल बहुगुणा को पद्मनी से विभूषित किया गया। जिन्होंने पूर्ण निष्ठा और समर्पण भाव से अपना जीवन वन-संरक्षण के लिए लगा दिया है।

इस आंदोलन की सफलता का अनुमान इसी बात से लगाया जा सकता है कि न्यूज़ीलैंड के डा. बेकर (वृक्ष मानव) स्वयं आंदोलनकारियों को बधाई देने आए।

चिपको आंदोलन की मुख्य मांग है कि हिमालय पर हरे वृक्षों की कटाई को कम से कम दस से पंद्रह वर्षों तक रोक दिया जाए ताकि हिमालय का साठ प्रतिशत भाग वनों से ढक जाए। वनों में ऐसे वृक्ष उगाए जाएं जिससे भोजन और वस्त्र जैसी अनिवार्य आवश्यकताओं की पूर्ति हो सके। पशुओं का चारा, ईंधन, उर्वरक और रेशा प्रदान करने वाले वृक्षों का रोपण भी हो ताकि वानिकी से कृषि पुष्ट की जा सके। यदि आंदोलन की मांगों को ध्यान में रखते हुए सरकार अपनी वन-नीतियां बनाती है तो निश्चय ही भूकम्प, भूस्खलन, बाढ़ आदि प्राकृतिक प्रकोपों से बचाव हो सकता है।

अप्पिको आंदोलन :

'अप्पिको' शब्द कन्नड़ भाषा का है। इसका अर्थ है 'चिपको'। यह चिपको आंदोलन आरंभ होने के करीब दस वर्ष पश्चात् कन्नड़ भाषी भारतीयों द्वारा किया गया। उन लोगों ने आस-पास के वनों की कटाई पर ध्यान दिया तो पाया कि बहुत से वृक्ष काटे जा रहे हैं। जबकि आंकड़ों के अनुसार प्रति एकड़ दो वृक्ष ही काटे जाते हैं।

बड़ेथी हाइडल प्रोजेक्ट का जम कर विरोध हुआ। आंदोलनकारियों ने अहिंसा का मार्ग अपनाया और वृक्षों से चिपक कर उन्हें बचाने का ऐलान कर दिया।

यह आंदोलन भी धीरे-धीरे जनमानस में फैलता गया और लोगों ने इसमें सक्रिय रूप से भाग लेना आरम्भ कर दिया। शायद वे जान गए हैं कि गरीबी और अशिक्षा से जूझते निम्न और मध्यम वर्ग को दोहरी मार से बचाने का केवल एक ही उपाय है, और वह है–'वन-संरक्षण'।

संयुक्त वन प्रबंधन :

पिछले एक-दो वर्षों से मसूरी में भी संयुक्त वन प्रबंधन की योजना पर ध्यान दिया गया। यह एक नया विचार है जिसके अंतर्गत गांव की वन समिति को वनों की देख-रेख का भार सौंप दिया जाता है। वन समितियां वन की दशा को देखते हुए दस वर्षीय योजना बनाती हैं जिसमें यह निर्णय लिया जाता है कि निर्बल वनों की सुरक्षा के लिए किन प्रजातियों का रोपण हो। इस तरह वन समिति आधे मालिक के रूप में वन संरक्षण का दायित्व निभाती है।

इस महती कार्य के लिए शुल्क रूप में विश्व बैंक से मिला धन सरकार द्वारा वन समिति के खाते में जमा करवाया जाता है। जब वन संरक्षण के दस वर्ष पूरे होंगे तो बड़े वृक्षों की लकड़ी में वन समिति की भी साझेदारी होगी।

हमारे देश में करीब दस वर्ष पूर्व यह विचार अपनाया गया। हिन्दुस्तान समाचार पत्र में दिए आंकड़े बताते हैं कि 22 राज्यों में 36,130 वन समितियां इस दिशा में कार्यरत हैं। इस योजना के तहत 3 करोड़ वन क्षेत्र की देखभाल होगी जिसमें से 1 करोड़ हेक्टेयर से अधिक वनों में इसे लाया जा चुका है।

चूंकि प्रत्येक नई विचारधारा और योजना को अपनाने में लोग हिचकते हैं। किन्तु ज्यों-ज्यों यह प्रणाली लोकप्रिय होती जा रही है, ग्रामवासी इसे बड़ी ललक से अपना रहे हैं।

अभी तक इस योजना में केवल अपकर्षित वनों को ही चुना जाता था पर केंद्रीय पर्यावरण और वन मंत्रालय के 21 फरवरी, 2000 के दिशा-निदेशों के अनुसार स्वस्थ वनों को भी इस योजना में शामिल किया जाएगा।

इस कंसेप्ट ने ग्रामवासियों के दिल में जंगलों के भूले-बिसरे प्रेम को जगाने में योगदान दिया है। पहले वे वनों को सरकार की जागीर समझते थे। पेड़ों की भुजाएं कटी रहती थीं। पशु जंगलों में घुस जाते परन्तु कोई रोकने वाला नहीं था। अब गांव वाले वनों की पूरी संभाल करते हैं।

पशुओं के लिए चारा, ईंधन की लकड़ी पाने के साथ-साथ रोज़गार के अवसर भी बढ़े हैं। साथ ही वनों और ग्रामवासियों के बीच एक नया रिश्ता भी कायम हुआ। वह है परस्पर प्रेम, सौहार्द और आत्मीयता का रिश्ता।

इन आंदोलनों के अलावा सरकार द्वारा भी प्रयास किए जा रहे हैं ताकि जन साधारण को वन संरक्षण के विकास व महत्व से अवगत कराया जा सके। भारत सरकार द्वारा वन संरक्षण हेतु वन संरक्षण अधिनियम 1980 पारित किया गया। इस अधिनियम का मुख्य उद्देश्य यह था कि वन भूमि को गैर वानिकी कार्यों के लिए प्रयोग में न लाया जाए। इस अधिनियम में सन् 1988 में कुछ संशोधन किए गए। उन संशोधनों में वनों के विकास व सुरक्षा पर विशेष बल दिया गया।

वन्य नीति 1988 द्वारा निम्न लक्ष्य रखे गए।

1. वनों की उत्पादकता में वृद्धि की जाए ताकि राष्ट्रीय आय में वृद्धि हो सके।
2. प्राकृतिक संपदा का उचित रख-रखाव एवं संरक्षण।
3. ग्रामीणों की दैनिक आवश्यकताओं की पूर्ति यथा ईंधन व पशुओं के चारे आदि के लिए संभावित कदम उठाना।
4. भूमि के कटाव को रोकने के उपाय करना।
5. वृक्षारोपण को प्रोत्साहन आदि।

इसके अलावा चरागाहों का उचित प्रबंध हो ताकि पशुओं द्वारा वन नष्ट न हों। हमारे भारत में संपूर्ण विश्व की लगभग पंद्रह प्रतिशत पशुसंपदा है। पालतू जानवर वनों में चरते हैं जिसके कारण भूमि अनुत्पादक हो जाती है व वनस्पतियों का पुर्नजनन भी बाधित होता है।

पालतू पशुओं के लिए चरागाहों का विकास किया जाए ताकि अनियंत्रित पशु-चराई न हो। ऐसे कार्यक्रम बनाए जाएं जिनके माध्यम से कृषक वर्ग वास्तविकता जान सके। यह तय है कि जब कृषक इस पशु चराई से होने वाली हानियों को जान लेगा तो वह स्वयं ही संभल जाएगा व हमारे वन आने वाली पीढ़ियों के लिए सुरक्षित ही रहेंगे।

वन भूमि के अनधिकृत कब्जे पर पर रोक लगाई जाए। प्रायः कुछ व्यक्ति वन भूमि पर कब्जा कर लेते हैं जिसे कुछ वर्षों बाद सरकार द्वारा नियमित कर दिया जाता है। यदि यह प्रक्रिया यूं ही जारी रही तो वन भूमि पर अतिक्रमण को रोकना कठिन होगा।

वनों के विनाश में अग्नि भी एक मुख्य कारण है। हम वन में लगी प्राकृतिक आग की नहीं वरन् मनुष्य द्वारा लगाई आग की बात कर रहे हैं। यह आग चाहे जानबूझ कर लगी हो अथवा अनजाने में किंतु परिणाम भयंकर ही होते हैं। इन दुर्घटनाओं को रोकने व काबू पाने के लिए प्रभावी अग्नि नियंत्रण उपायों की आवश्यकता है।

सरकार एवं गैर सरकारी संस्थाएं, कृषक वर्ग को उत्साह दिलाएं कि वे भूमि व जल-प्रदूषण को रोकने वाली योजनाओं में भाग लें क्योंकि उपजाऊ भूमि पर पर्याप्त जल-व्यवस्था के पश्चात ही अच्छी फसल की उम्मीद की जा सकती है।

ग्रामीणों को कुटीर उद्योगों के लाभों से परिचित करवाया जाए ताकि वे वन-संपदा से होने वाले आय-स्त्रोतों से विमुख हों। इस प्रकार बहुत से वन शोषण से बच जाएंगे।

देश की संपूर्ण भूमि का लगभग आधा भाग अनउपजाऊ अर्थात बंजर है। बंजर भूमि कृषि योग्य तो नहीं होती किंतु उसे वृक्षारोपण के लिए चुना जा सकता है। इसी सिलसिले में राष्ट्रीय "बंजर भूमि सर्वेक्षण परियोजना" भी चलाई गई है।

नष्ट वनों को विशेष उपायों द्वारा पूवर्वत् स्थिति में लाया जाए। इसके लिए वानिकी प्रबंधन की सहायता ली जा सकती है।

सामाजिक वानिकी के उपायों की समुचित जानकारी दी जाए इन से संबंधित दृश्य व श्रव्य सामग्री इस दिशा में लाभकारी है।

वन्य जीवन संरक्षण

वनों में विभिन्न जातियों-प्रजातियों के जीव-जंतु स्वच्छंद रूप से विचरण करते हैं। वन ही उनका जीवन है किंतु मनुष्य के अनावश्यक हस्तक्षेप ने उनकी जीवन-शैली व आवास को बुरी तरह प्रभावित किया है। अनेक दुर्लभ प्रजातियां लुप्त होती जा रही हैं अतः उनका संरक्षण महत्वपूर्ण होता जा रहा है। वन्य जीवन पर्यावरण के प्राकृतिक रूप को निखारता है। वन में चारों ओर घूमते पशु एक अलग ही संसार रचते हैं इनके जीवन में छल-कपट व द्वेष के लिए कोई स्थान नहीं है। यह अकारण आक्रमण भी नहीं करते किंतु मनुष्य अपनी स्वार्थ-पूर्ति के लिए इनका शोषण करता है। इन्हीं के कारण जनसंख्या व खाद्य-श्रृंखला में संतुलन भी बनता है अतः हमारा कर्तव्य बनता है कि हम इनके भोजन, आवास व सुरक्षा की ओर पूरा ध्यान दें।

अन्तर्राष्ट्रीय स्तर पर भी इस दिशा में प्रयास किए जा रहे हैं। संयुक्त राष्ट्र समय-समय पर इस महत्वपूर्ण बिंदु की ओर सदस्य देशों का ध्यानाकर्षण करता रहता है।

भारत भी इन सम्मेलनों में भाग लेता है। वह जैव विविधता संरक्षण समझौता व नम भूमि संरक्षण सम्मेलन का सदस्य राष्ट्र है।

देश में कई स्थानों पर जैवमण्डल आरक्षित क्षेत्र भी स्थापित किए गए हैं जिनमें सुंदरवन, सिमली वन, ग्रेट निकोबार, नोकरेक, नंदा देवी व नीलगिरि आदि प्रमुख स्थान रखते हैं।

विश्व संरक्षण संघ द्वारा भी वन्य जीवन संरक्षण हेतु अनेक प्रयास किए जाते रहे हैं। इस संस्था के आग्रह पर सन् 1980 में भूतपूर्व प्रधानमंत्री श्रीमती इंदिरा गांधी ने वन संरक्षण रणनीति लागू करने की घोषणा की थी।

भारत में वन्य जीवन संरक्षण के उपाय

संविधान के अनुच्छेद 5 (अ) के अनुसार–

"भारत के प्रत्येक नागरिक का कर्तव्य होगा कि वह वन, झील व वन्य जीवन सहित प्राकृतिक पर्यावरण का संरक्षण करेगा व जीवित प्राणियों के प्रति दया-भाव रखेगा।"

भारत में वन एवं वन्य जीवन संरक्षण हेतु निम्न विधान पारित किए गए हैं।

1. **द इण्डियन फोरेस्ट एक्ट, 1927**
2. **द फोरेस्ट कंजरवेशन एक्ट, 1960**
3. **द वाइल्ड लाइफ प्रोटेक्शन एक्ट, 1972**
4. **द फोरेस्ट एक्ट, 1980**

पशु कल्याण बोर्ड द्वारा प्रतिवर्ष 14 जनवरी से पशु कल्याण पखवाड़ा मनाया जाता है। यह संगठन पर्यावरण व वन मंत्रालय की एक संस्था जिसके द्वारा आवारा पशुओं की सुरक्षा व पालन संबंधी कार्यक्रम आयोजित किए जाते हैं।

जब बाघों की संख्या लुप्त होने के कगार तक पहुँच गई तो इनके संरक्षण हेतु अप्रैल, 1973 में बाघ परियोजना बनाई गई। बाघ रक्षा प्रकोष्ठ बाघों के संरक्षण के विषय में जानकारियां एकत्र करता है। बाघों के प्रजनन के लिए नए तरीके अपनाए गए हैं।

इसी प्रकार हाथियों की वंश-वृद्धि व सुरक्षा के लिए हाथी परियोजना बनाई गई है। चिड़ियाघर प्राधिकरण भी इस क्षेत्र में विशेष महत्व रखते हैं। उनके द्वारा वन्य पशु-पक्षियों को ऐसी सुविधाएं देने का प्रयास किया जाता है जिनके द्वारा वे अपने प्राकृतिक वातावरण को पुनः पा सकें।

अनेक स्वैच्छिक संगठन भी इस ओर ध्यान दे रहे हैं। सब के सम्मिलित प्रयासों से ही जन-जागरण किया जा सकता है ताकि वन्य जीवन संरक्षित रहे व अपने प्रकृति प्रदत्त माहौल में प्रसन्नतापूर्वक रह सके।

❑❑

ग्रामीण प्रदूषण और पर्यावरण

जब भी हम भारत के विकास की बात करते हैं तो उसमें अप्रत्यक्ष रूप से ग्रामों की ही विकास चर्चा होती है, क्योंकि भारत गांवों में ही बसता है। इतिहास साक्षी है कि ग्रामीणों ने कभी भी प्रकृति का दोहन नहीं किया। वे प्रकृति से जितना लेते, उतना नहीं, उससे कुछ कम ही, लौटाते अवश्य थे। वृक्ष थे उनके जीवन के चिरंतन साथी।

गाय, बैल, भैंस, बकरी, भेड़ आदि को मानवोचित संबोधन देना, गांव में आस-पास वृक्ष लगाना, कुओं और तालाबों का निर्माण तथा रख-रखाव, जलवायु के अनुसार सादे और सुंदर घर बनाना, वृक्षों को देव मानकर पूजना और उन पर जल चढ़ाना, हल चलाने से पहले भूमि को प्रणाम करना आदि ऐसे दैनिक क्रियाकलाप थे जो उनके जीवन का एक अंग थे।

घरों के समीप उगे नारियल, खजूर, सुपारी, केले और नीबू आदि के वृक्ष कई आवश्यकताओं को पूरा कर देते। घर की चक्की के पिसे मसाले, दालों और आटे का प्रयोग होता। खेतों की ताज़ी, हरी सब्ज़ियां और ज्वार, बाजरे की रोटी का स्वाद, कड़ी मेहनत के बाद छप्पन भोग का स्वाद देता। इस प्रकार उनका प्राकृतिक परिवेश से गहरा नाता था।

परन्तु धीरे-धीरे ये सब बातें पुरानी हो गईं। पनघट, चौपालें, डफ, महफिलें जाने कहां खो गए! कहीं किसी कविता की पंक्तियां पढ़ी थीं कि—

गांव की गोरी अब
छम-छम बरसती बूंदों में
पानी भरने पनघट पर नहीं जाती
वह तो मैल भरे, चीकट पांवों से जाती है
उस जोहड़ तक,
जिसका पानी अब हो गया है गंदला।

शुद्ध पनघट संस्कृति अब नहीं रही। हैंडपंपों और नलों के सुन्दर नमूने स्थान-स्थान पर देखने को मिलते हैं परन्तु उनमें पानी नहीं आता। कुएं या तो सूख गए हैं या गंदे पानी का घर बन चुके हैं।

पहले गांव का नाम लेते ही हरे-भरे खेत, सुंदर सा कच्चा मकान, टुन-टुन घंटियां हिलाते बैल, ग्रामीण ललनाएं, दूध-दही के मटकों का सुंदर चित्र आंखों के आगे आ जाता था पर अब–

गांव का अर्थ है गोबर, मच्छर, गंदगी का ढेर, गालियां बकते अधनंगे बच्चे, मल के स्तूप, सड़ते पानी की बदबू और भी जाने क्या-क्या!

खुले मैदानों और उपयुक्त वातावरण की तलाश में उद्योगपति गांवों तक जा पहुंचे हैं और चिमनियां धुआं उगलने लगी हैं। प्रत्येक ग्रामीण इस बात में विश्वास रखता है कि शहर खुशहाली का प्रतीक है।

वह मातृस्वरूपा धरती को त्याग कर नगरों की ओर भाग रहा है। इसके लिए अनेक ऐसे कारण उत्तरदायी हैं, जिनके आगे सभी विवश हैं। एक भीषण समस्या है पेयजल।

गांवों में पेयजल के साधनों का अभाव है। स्त्रियां पैदल चलकर दूर-दराज़ से पानी लाती हैं तब कहीं जाकर जीवन आरंभ होता है।

तालाब एक—और उससे पानी लेने वाले कई लोग। धोबी कपड़ों की मैल वहीं धोएगा, बच्चे वहीं नहाएंगे, बर्तन भी वहीं धुलेंगे, और तो और पालतू पशु भी वहीं पानी पीएंगे।

ज़रा सोचिए, बेचारे तालाब के पानी की क्या दुर्दशा होती होगी? इस तरह की गतिविधियों से तालाब का जल प्रदूषित होता है लेकिन भोले-भाले अपढ़ ग्रामीण पीने के लिए भी उसे इस्तेमाल कर लेते हैं।

बच्चे, बड़े और पशु सभी पेट की अनेक बीमारियों से ग्रस्त हो जाते हैं। यह रोग नज़र नहीं आते इसलिए इनके इलाज में भी लापरवाही बरती जाती है और अंदर ही अंदर इंसान खोखला होता चला जाता है।

कुएं भी सीमित हैं। वह भी अज्ञानतावश प्रदूषित हैं। स्त्रियां पीने के बर्तन मांजते समय गंदा पानी वहीं उंडेल देती हैं। आस-पास एकत्र पानी पर मच्छरों का एकछत्र साम्राज्य मलेरिया को बुलावा देता है और अपनी मेहनत के बल पर जीने वाला किसान बुखार के कारण अधमरा हो जाता है।

छोटे-छोटे बच्चों को बेहिचक घरों के बाहर ही मल-त्याग के लिए बैठा दिया जाता है। इससे संक्रामक रोगों के फैलने का खतरा और भी बढ़ जाता है।

भोजन जीवन का अनिवार्य अंग है। इसके बिना तो गुज़ारा नहीं चलता। ग्रामीण महिलाएं भोजन पकाने के दौरान ही अनेक बीमारियों का शिकार हो जाती हैं।

सुबह, दोपहर, शाम, रात लकड़ियों का धुआं उनकी सांसों के साथ भीतर जाता है। कार्बन मोनो आक्साइड उनके रक्त में हीमोग्लोबिन की मात्रा को घटा देता है और पुस्कार स्वरूप मिलती है 'रक्ताल्पता'। ग्रामीण स्त्रियां कम आयु में ही नेत्र ज्योति क्षीण होने की शिकायत भी करती हैं।

प्रायः रसोईघरों में साफ-सफाई की ओर पूरा ध्यान नहीं दिया जाता। कच्ची मिट्टी का स्थान होने के कारण सांझ ढलते ही अनेक छोटे-बड़े कीटाणु आ जाते हैं। अधखुले बर्तनों पर ये सब से पहले कब्जा जमाते हैं। भोजन बासी होने के कारण भी बीमारियों की संख्या बढ़ जाती है।

ग्रामीण प्रदूषण को बढ़ाने में पशुओं का भी बहुत बड़ा हाथ है। पशुओं का चारा गंदगी के रूप में भूमि को प्रदूषित कर देता है। तालाबों में पानी पीते वक्त, पशुओं का गोबर भी पानी में मिल जाता है और अनेक प्रकार के रोग जीवाणुओं को जन्म देता है। दरअसल इसके लिए हम पशुओं को पूर्ण रूप से उत्तरदायी नहीं ठहरा सकते—क्योंकि वह तो वही करेंगे जो उनके मालिक चाहेंगे। अतः यह गलती भी ग्रामीणों की ही है। खुली नालियों में बहता कीच और मल-मूत्र देखकर मुंह पर रुमाल

रखना पड़ता है। कई बार तो इनकी दुर्गंधमय हवा को सहन करना भी कठिन हो जाता है। इन नालियों की गंदगी से हैज़ा, उल्टी, दस्त और पेचिस जैसे रोगों की संभावना और भी बढ़ जाती है।

गांवों के समीप बनी फैक्ट्रियां इतना धुआं उगलती हैं, जोकि खेतों पर भी बुरा प्रभाव डालता है। फसलों में डाले जाने वाले रसायन भी प्रदूषण का स्रोत बन जाते हैं।

किसान बिना समझे-बूझे लापरवाही से उनका छिड़काव करता है जिससे कुछ मात्रा में वह रसायन उसकी सांस के साथ भीतर चला जाता है। धीरे-धीरे यह मात्रा बढ़कर विषैला असर उत्पन्न करती है।

इन सब प्रदूषणों के अलावा ग्रामीण मानसिक प्रदूषण के शिकार हैं। अपने आपको हीन समझना और नगरवासियों को अपने से बड़ा मानना, उनकी स्वभावगत दुर्बलता बन गई है। शहर का कोई व्यक्ति उनके गांव में चला तो जाए वे उसकी जी हजूरी करते नहीं थकते।

शहर की अश्लीलता और भौंडापन धीरे-धीरे पवित्र ग्रामीण संस्कृति पर अपना प्रभाव डाल रही हैं। अब वहां चौपालों पर लोकसंगीत की बजाए फिल्मी गाने गूंजते हैं।

गांव की गोरियां अब लेप-उबटन को भूलकर खुशबूदार सौंदर्य प्रसाधनों के पीछे दीवानी हो गई हैं। युवावर्ग में बढ़ती मूल्यहीनता का भी यही कारण है। अब उन्हें गांव रास नहीं आता। चाहे शहर में आकर मेहनत मज़दूरी ही क्यों न करनी पड़े, वह गांव नहीं लौटना चाहते।

गांव के खुले-खुले घरों से निकलकर शहरों की झोपड़पट्टी का हिस्सा बनना कहां की बुद्धिमता है?

ग्रामीण प्रदूषण की रोकथाम के उपाय :

हमारी ग्रामीण जनता आज भी बच्चों को ईश्वर का वरदान मानती है। परिवार नियोजन के तरीके उसे नहीं भाते। नतीजा यह निकलता है कि एक-एक परिवार में सात या आठ बच्चे अवश्य होते हैं।

अधिक बच्चे, कम आमदनी, बढ़ती महंगाई के कारण वे जीवन भर अपने लिए पेट भर रोटी का जुगाड़ भी नहीं कर पाते। ऐसे में अपने सामने आने वाली प्रत्येक वस्तु को लूटना-खसोटना उनकी मजबूरी बन जाती है। उनके द्वारा पेड़ों की अंधाधुंध कटाई, पशुओं के शिकार में चोरी-छिपे सहायता आदि इसी मार की उपज है। वे न चाहते हुए भी उस क्रूर तंत्र का हिस्सा बन जाते हैं, जो प्रकृति का दोहन करने में तनिक नहीं हिचकता। अतः जनसंख्या पर बढ़ते दबाव को रोकने के लिए उन्हें परिवार

सीमित रखने के उपायों पर अमल करने को कहा जाए।

ग्रामवासियों को पर्यावरण जागरूकता की शिक्षा दी जाए। वे भोले-भाले निरक्षर ग्रामीण अपने आस-पास फैले सुंदर, प्राकृतिक वातावरण की उपयोगिता नहीं जानते। मुझे विश्वास है कि जिस दिन उन्हें पर्यावरण के सभी आयामों की जानकारी मिल जाएगी, वे पर्यावरण रक्षकों की अग्रिम पंक्ति में खड़े मिलेंगे।

तालाब के गंदे पानी में नहाने पर प्रतिबंध लगाया जाए क्योंकि नहाने वाला व्यक्ति पानी में ही सिर धोएगा, शरीर की मैल उतारेगा, कुल्ला करेगा और नाक भी साफ करेगा। रोगों को उस तक पहुंचने में ज़्यादा देर नहीं लगेगी।

पशुशाला को साफ-सुथरा रखा जाए। पशु उसके जीवन के सच्चे मित्र हैं। सुख में, दुख में, वे सदा उसका साथ निभाते हैं। अतः अपने पशुओं को साफ-सुथरा रखना उसका कर्तव्य बनता है।

पशु-प्रेम में किसान यह न भूल जाएं कि हर बात की अपनी एक सीमा होती है। अतः पशुओं को तालाबों और पोखरों से तनिक दूर ले जा कर नहलाया जाए।

गोबर का प्रयोग, गोबर गैस प्लांटों में किया जा सकता है। इसी गोबर से खाद भी बनाई जा सकती है। कुएं के पानी में समय-समय पर कीटनाशक दवा डाली जाए।

पीने वाले पानी की स्वच्छता पर पूरा ध्यान दिया जाए। मटके से पानी निकालते समय हाथ भीतर न जाए। कीटनाशी रसायनों के प्रयोग में सावधानी बरतें। मुंह पर कपड़ा बांधना और छिड़काव के पश्चात साबुन से हाथ धोना अनिवार्य है।

उपरोक्त सावधानियों को मद्देनज़र रखा जाए तो मैं समझती हूं कि हम काफी हद तक ग्रामीण प्रदूषण पर काबू पा सकते हैं।

रही बात मानसिक प्रदूषण की, तो उसके लिए ग्रामीण भाइयों को अपनी विचारधारा बदलनी होगी। वे अपने आप को किसी से भी कम न समझें। किसान तो भारत की शान हैं। वे ही तो सबके अन्नदाता हैं। मैं यह नहीं कहती कि वे आधुनिक न बनें, लेकिन आधुनिकता का मुल्लमा चढ़ी आयातित संस्कृति से वे दूर रहें और अपने निवास स्थान, गांव को ही शहरों की भांति सुख-सुविधाओं से संपन्न बनाने का प्रयत्न करें। वृद्ध माता-पिता को गांव के अंधेरे मकानों में छोड़कर शहरों की झोंपड़पट्टियों की शोभा न बढ़ाएं। इसी में उनकी और देश की भलाई छिपी है।

❑❑

रसायन : एक अबूझ पहेली!

कीटनाशी रसायनों का प्रयोग इतना व्यापक हो चला है कि अपढ़ किसान भी इन्हें बखूबी अपनाता है। अंतर सिर्फ इतना है कि उसने इन रसायनों को घरेलू नाम दे रखे हैं।

कृषि-कार्यों में इन रसायनों के इस्तेमाल से पर्यावरण में तेज़ी से प्रदूषण फैल रहा है। मानव की उत्पत्ति से भी बहुत पहले प्रकृति में कीट उपस्थित थे। जब ये दिन-ब-दिन उत्पाती होते गए तो इन्हें नाश करने के लिए ही कीटनाशी रसायन बनाए गए।

यह रसायन लाभदायक तो हैं किन्तु शरीर की महत्त्वपूर्ण क्रियाओं को बिगाड़ने में भी इनका हाथ है। भूमि, भोजन और जल प्रदूषित होने से मनुष्य भी इनकी चपेट में आ गया। यह व्यक्ति विशेष पर भिन्न-भिन्न रूप से अपना प्रभाव डालते हैं। दरअसल मानव की प्रकृति ही ऐसी है कि वह सामने दिखाई देने वाली वस्तु से शीघ्र प्रभावित होता है। वह अप्रत्यक्ष परिवर्तनों और लक्षणों को आसानी से टाल जाता है। यही छिपे लक्षण जब प्रकटावस्था में अपना विकराल रूप दर्शाते हैं तो उसे अपनी भूल का अनुभव होता है।

रसायनों के विषैले प्रभाव शरीर की वसा में जमा होते रहते हैं। यही वसा शरीर द्वारा उपयोग की जाती है और यह विष पूरे शरीर में पहुंच जाता है।

क्लोरीन कृत हाइड्रोकार्बन रसायनों को ही लें। यह मानव शरीर में यकृत अथवा जिगर पर अपना कुप्रभाव छोड़ते हैं। यकृत मानव शरीर का महत्त्वपूर्ण अंग है। यह वसा पाचन के लिए पित्त रस उत्पन्न करता है। यह शर्करा को उपयोगी ग्लाइकोज़न के रूप में जमा रखता है। रक्त के कोलैस्ट्रोल को उचित स्तर पर बनाए रखना और खाद्य पदार्थों के उपापचन की क्रियाएं भी इसी के सुपुर्द हैं।

यदि इसी जिगर पर रसायन का असर पड़ जाए तो अच्छे-खासे चलते-फिरते मनुष्य को कितना जोखिम उठाना पड़ सकता है। कीटनाशियों के छिड़काव से भूमि की नाइट्रीकरण की क्रिया भी मंद हो जाती है।

कुछ कीटनाशी तो इतने विषाक्त हैं कि उनके प्रयोग से सांप और मछली जैसे जीव भी मारे जाते हैं। गेमेक्सीन, एल्ड्रिन तथा क्लोरोडेन नामक कीटनाशियों का अवशेषी प्रभाव लगभग ग्यारह वर्षों तक मिट्टी में पाया जाता है। कीटनाशियों के व्यापक प्रयोग ने भूमिगत जल प्रदूषण को खुला आमंत्रण दिया है। भूमिगत जल के स्रोत नदियों और तालाबों में पहुंचते हैं। यह जल पीने से हैज़ा, पीलिया और आंत्रशोथ जैसे रोग होने की संभावना बढ़ जाती है।

डी.डी.टी. (D.D.T.) (डाइक्लोरो डाइफिनाइल ट्राइक्लोरोईथेन) के नाम से आप अपरिचित नहीं हैं। इस सफेद रंग के पाउडर को द्वितीय विश्वयुद्ध के समय प्रयोग में लाया गया। तब यह सैनिकों और कैदियों की जुएं मारने का प्रभावी कीटनाशक बना।

मलेरिया फैलाने वाले मच्छरों, पीत ज्वर फैलाने वाले कीआणुओं और प्लेग के कीटाणुओं पर इसने अपना रंग जमा दिया। इसको विश्वव्यापी स्तर पर अपनाया

गया। करोड़ों व्यक्तियों ने घातक रोगों से मुक्ति पाई और इसके आविष्कारक 'पाल हरमैन मुलर' ने पाया नोबेल पुरुस्कार।

वही लाभकारी डी.डी.टी. एक दिन प्रतिबंधित कर दिया गया। अमरीकी सरकार ने कड़ी खोजबीन के पश्चात् पता लगाया कि यह सफेद पाउडर शरीर के वसा प्रधान अंगों में जमा होकर जिगर की काशिकाओं को नुकसान पहुंचाता है। अन्य दुष्परिणाम भी खोजे गए।

विशेषज्ञों ने बताया कि धरती पर डी.डी.टी. की मात्रा इतनी अधिक है कि वह काफी समय तक अपना दुष्परिणाम दिखाएगी।

तो देखा आपने, एक रसायन जो हमें कई कठिन रोगों से मुक्ति दिलाता है, वही परिस्थितिक तंत्र के किसी दूसरे हिस्से का ह्रास करता रहता है।

सन् 1930-35 में वैज्ञानिकों ने क्लोरीनकृत नैफथलीन को हेपेटाइटिस रोग के लिए दोषी ठहराया। बहुक्लोरीनयुक्त कीटोन और केपोन संयंत्रों में कर्मचारियों को जोड़ों में दर्द, क्षीण स्मरण शक्ति और यकृत संबंधी समस्याओं का सामना करना पड़ता है।

कपड़ों की ड्राईक्लीनिंग के लिए परक्लोरोएथिलीन रसायन का प्रयोग किया जाता है। यह रसायन चूहों में कैंसर उत्पन्न करता है।

मध्यवर्गीय आदमी के पास बच्चों को देने के लिए प्लास्टिक के खिलौने ही हैं, जोकि सस्ते और टिकाऊ भी हैं। इन रंग-बिरंगे खिलौनों के पीछे एक अनजान खतरा छिपा है। प्लास्टिक के खिलौने और घरेलू सामान बनाने के लिए पोलीविनाइल क्लोराइड रसायन इस्तेमाल किया जाता है। यह कैंसर रोग का वाहक बन सकता है।

बच्चे खेल-खेल में खिलौनों को मुंह में ले जाते हैं। प्लास्टिक के बर्तनों में खाद्य सामग्री भी बेहिचक रखी जाती है। इन रसायनों का विषैला प्रभाव शनैः शनैः अपना प्रभाव डालता है, जिसे आम आदमी जान भी नहीं पाता।

टूथपेस्ट और मुखशुद्धि करने वाले पदार्थों में क्लोरोफार्म का उपयोग किया जाता है। यह संवेदनकारी है। खांसी की दवाओं में भी काम आता है मगर इसकी उपस्थिति पशुओं में कैंसर रोग उत्पन्न कर सकती है।

पी.सी.बी. (बहुक्लोरीनयुक्त बाइफेनिल यौगिक) को उद्योगों और खेती-बाड़ी के लिए उपयोग में लाया जाता है। रबर, कागज़ के उत्पाद और पेंट बनाने में भी यह काम आते हैं। कुछ समय बाद वैज्ञानिकों ने पता लगाया कि यह रसायन वायुमंडल को प्रदूषित करते हैं। पशुओं में इसके कारण यकृत का टयूमर हो जाता है और मनुष्य में सिर के बाल झड़ना और दंत विकार जैसी परेशानियां खड़ी हो जाती हैं।

कीटनाशियों का संतुलित उपयोग :

यूं तो सभी कीटनाशी विषाक्त प्रभाव छोड़ते हैं किन्तु इसका अर्थ यह नहीं कि हम इन्हें प्रयोग में लाना बंद कर दें। अपितु प्रयोग उचित, सीमित और मर्यादित रूप में होना चाहिए। इस विषय में एक विख्यात कृषि वैज्ञानिक कहते हैं–

कृषि रसायनों से होने वाली हानियां उनसे होने वाले लाभों की उपेक्षा नगण्य हैं। साथ ही विकासशील देशों के मानव समुदाय के अस्तित्व अर्थात् भोजन, वस्त्र और आवास के लिए इनका उपयोग ज़रूरी है। यदि उन्मत्त पर्यावरण विशेषज्ञों के शक्तिशाली समूह के दबाव में आकर कृषि में रसायनों का उपयोग बंद कर दिया जाए तो कृषि रसायनों द्वारा नहीं बल्कि भुखमरी से विश्व का सर्वनाश हो जाएगा।

रसायनों के प्रयोग में सदैव सावधानी बरतनी चाहिए। कीट अपनी बुद्धि क्षमता के अनुसार अपनी अवरोधक क्षमता बढ़ाते हैं जिससे रसायन अपना प्रभाव खो बैठते हैं। अतः नियंत्रण विधियों में सतत् अनुसंधानों द्वारा इनका उपाय किया जाना चाहिए ताकि प्रकृति के किसी भी रूप को प्रत्यक्ष अथवा परोक्ष रूप से हानि न पहुंचे।

सभी कार्बनिक रसायन बुरे नहीं :

कार्बनिक रसायन मनुष्य की स्वास्थ्य रक्षा में महत्त्वपूर्ण भूमिका अदा करते हैं। पोलियो, पेशिच, हैज़ा, कैंसर, तपेदिक, न्यूमोनिया, मस्तिष्क विकार आदि अनेक ऐसे रोग हैं जिनके इलाज अब संभव हैं। मस्तिष्क रोगियों को भी मनोरसायनों द्वारा ठीक किया जा सकता है। एण्टीबायोटिक औषधियों का महत्त्व कौन नहीं जानता?

❑❑

समस्याएं और भी हैं....

संपूर्ण विश्व में भारत सा रंग-बिरंगा और निराला देश आप कहीं नहीं पाएंगे। कहीं पेड़-पौधे, झरने, बगीचे, कहीं पहाड़, नदियां, तालाब जनसंकुल बस्तियां तो कहीं खुले मैदान। कहीं ऐतिहासिक इमारतें तो कहीं अत्याधुनिक भवन। सब कुछ तो है यहां पर। फिर प्राचीन सभ्यता और संस्कृति भी तो अनूठी है। नाना धर्मों की अच्छी-अच्छी बातों के मेल-जोल से बना भारत राष्ट्रीय एकता की जीती-जागती मिसाल है।

प्रतिवर्ष लाखों पर्यटक खिंचे चले आते हैं। आने का उद्देश्य केवल भ्रमण नहीं होता। वे अपने साथ भारत की प्रचीन कला, संगीत, इतिहास और स्थापत्यकला की दास्तानें भी बांध ले जाते हैं।

धुआं रहित उद्योग :

है न विचित्र नाम! पर्यटन को हमारे देश में इसी नाम से पुकारा जाता है। इस से विदेशी मुद्रा की प्राप्ति होती है। भारत सरकार इस दिशा में काफी समय से प्रयासरत है कि आने वाले पर्यटकों की सुख-सुविधाओं का पूरा ध्यान रखा जाए। जाते वक्त उनकी आंखों में समृद्ध, खुशहाल और संस्कारवान् भारत का चित्र हो।

पर्यटक और हमारा पर्यावरण :

पर्यटक चाहे देशी हों या विदेशी, मौज-मस्ती के आलम में यह कोई नहीं सोचता कि वह क्या कर रहा है? किसी भी अवकाश के दिन किसी झील के किनारे चले जाएं। कनफोड़ू संगीत पर थिरकता युवावर्ग और उनके द्वारा बिखेरे गए खाद्य पदार्थों के रैपर दूर से ही नज़र आ जाएंगे।

जिस साफ-सुथरे पार्क में बैठ कर कोई परिवार पिकनिक मना रहा हो, उनके जाने के बाद वह स्थान कचराघर लगता है। अपने घर के कोने-कोने को चमकाने वाली गृहणियां भी इस ओर से लापरवाही बरतती हैं।

विदेशी पर्यटकों के लिए कई ऐतिहासिक महत्त्व के महलों को होटलों में तब्दील कर दिया गया है। वे लोग ऊंचे दाम दे कर वहां रहते हैं और अपने आप को राजे-रजवाड़ों के खानदान से जोड़कर गौरवान्वित अनुभव करते हैं।

क्या भारत के गौरवमयी अतीत के दस्तावेजों का यह उपयोग उचित है?

राजस्थान की मधुर शाम हो या पंजाब का भांगड़ा-गिद्दा उत्सव, पर्यटकों के लिए खुले में आयोजित किये गए सांस्कृतिक कार्यक्रम आस-पास बसने वालों के लिए सिरदर्द का कारण बनते हैं।

मानसिक प्रदूषण :

विदेशी पर्यटकों का सांस्कृतिक परिवेश हम से काफी भिन्न है। उनकी पाश्चत्य संस्कृति हमारी जीवन शैली से मेल नहीं खाती। सरे आम राह चलते चुंबन और आलिंगन उनके लिए कोई बड़ी बात नहीं है–किन्तु यह दृश्य हमारे बालकों और छात्रों पर बुरे प्रभाव डालते हैं।

उनके आधे-अधूरे वस्त्र, नवीन साज-सज्जा और बोलने का विचित्र लहजा, हर किसी को उनकी ओर देखने को विवश करता है।

खुजराहो या कोणार्क की मूर्तिकला उनके लिए दिल बहलाने का साधन भर है। वे उनके मूल में छिपी भावनाओं तक पहुंचना ही नहीं चाहते। वे विभिन्न मूर्तियों के आगे चित्र खिंचवा, उनकी उल्टी-सीधी व्याख्या कर, अश्लीलता का फतवा देकर लौट जाते हैं।

इस दिशा में आम भारतीय भी अपनी भूमिका बखूबी निभाता है। धन के लोभ में अंधे बने युवक चार रुपये की चीज़ के बदले चार सौ रुपये आराम से ऐंठ लेते हैं। गाइड भी, स्थान का सटीक चित्रण करने की अपेक्षा, पर्यटक की रुचि के अनुसार ही बोलता है।

प्रदूषण के विभिन्न साधन :

पर्यटन स्थलों के समीप सुबह-शाम फेरी वालों का झुंड खड़ा रहता है। उनके मुंह से निकली बेसुरी आवाज़ें उक्त स्थल की शान्ति भंग कर देती हैं और घूमने का मज़ा ही किरकिरा हो जाता है।

पर्यटन पर निकलें और साथ में शराब या बियर न हो, यह तो हो ही नहीं सकता। खाली बियर टिन और बोतलें इस बात की गवाही देती हैं कि पर्यटन का पूरा आनन्द लिया गया है।

बेचारी, दम तोड़ती झीलें!

प्रत्यंक शहर में दो तीन झीलें अवश्य होती हैं। लिहाज़ा घूमने फिरने क लिए स्थान बुरा नहीं है। सो दोपहर का भोजन, शाम का नाश्ता तैयार किया और चल पड़े।

झील का प्राकृतिक सौंदर्य मन मोह लेता है। अनेक प्यारे-प्यारे पक्षी भी देखने को मिलते हैं, किन्तु पर्यावरण की गड़बड़ी, पानी की कमी, सफाई का अभाव, खर-पतवार की वृद्धि आदि कारणां से वह मनमोहक छवि लुप्त होती जा रही है।

प्राचीन काल से ही धार्मिक स्थानों पर स्नान का विशेष महत्त्व रहा है। मानसरोवर और पुष्कर स्नान के लिए हज़ारों श्रधालु पहुंचते हैं। कई गर्म कुंड भी हैं जिनमें स्नान करने से अनेक प्रकार के चर्म रोग दूर हो जाते हैं।

यह प्राकृतिक झीलें आर्थिक दृष्टि से भी महत्त्वपूर्ण हैं। यहां नौकायन और मनोविनोद के अनेक साधन सुलभ होते हैं। पर्यटकों की लापरवाही भी उनकी धीमी मौत का कारण बनती है। खाने के बचे पदार्थ पानी में ही डाल दिए जाते हैं।। पान मसाले और गुटखे के पाऊच, चिप्स के खाली लिफाफे, चाकलेट के रैपर आदि फेंकना तो आम वात है।

नतीजा यह निकलता है कि खूबसूरत झीलें पानी के कीच भरे तालाब में बदल जाती हैं। आज आवश्यकता है कि हम सभी इन्हें बचाने की दिशा में जागरूक हों ताकि ये प्रकृति प्रदत्त उपहार खो न जाएं।

प्लास्टिक थैली देना ज़रा!

बाज़ार में खरीदारी करते समय अक्सर आपने यह वाक्य सुना होगा। चाहे पाव भर दाल क्यों न खरीदी जाए, थैली मांगने का आग्रह अवश्य होता है। मानव का स्वभाव है कि मुफ्त में मिलने वाली प्रत्येक वस्तु वह पाना चाहता है, चाहे वह उसके काम आए या न आए।

पोलीथीन की थैली भी ऐसी ही एक वस्तु है। इतना सामान खरीदने के बाद घर लौटते ही आनन-फानन में वह थैलियां कचरे के ढेर पर फेंक दी जाती हैं। कई कुशल महिलाएं उन्हें बटोर लेती हैं ताकि रसोईघर का कूड़ा फेंक सकें। यह प्रक्रिया लगातार चलती रहती है।

थैली में भरे साग-सब्ज़ी के छिलके और खाद्य-पदार्थों में गाय-भैंसें मुंह मारती हैं और अज्ञानतावश वह थैली भी खा जाती हैं। यह थैलियां उनकी अंतड़ियों में फंस जाती हैं और पशु मर जाते हैं।

इन थैलियों का बढ़ता प्रचलन स्वास्थ्य पर भी दुष्प्रभाव डाल रहा है। हलवाई

अक्सर इनमें ही दूध, दही आदि तरल पदार्थ देते हैं जिनके सम्पर्क में आकर पोलीथीन का रंग उनमें मिल जाता है और खाने वाले को नुकसान पहुंचता है।

घर का कूड़ा-करकट भरी यह थैलिया नाले-नालियों और सीवर लाइनों को अवरुद्ध कर देती हैं। सीवर पर लगी जाली के मुंह पर पोलीथीन फंस जाता है, जिसके कारण उन्हें कई बार साफ करना पड़ता है। पर्वतीय पर्यटन स्थलों में दुकानदार इस्तेमाल के बाद इन थैलियों को घाटियों में ही फेंक देते हैं। सुन्दर पहाड़ों पर फैला यह बदसूरत नज़ारा बहुत बुरा लगता है।

कबाड़ उठाने वाले इन थैलियों को कूड़े से बीन कर बेच देते हैं। प्रोसेसिंग के बाद पुनः यह थैलियां बाज़ार में आ जाती हैं और इन घटिया थैलियों में खाद्य पदार्थों का लाना-लेजाना जारी रहता है।

इनके अत्यधिक प्रचलन का दुष्प्रभाव उन गरीबों पर पड़ा जो लिफाफे बनाकर बेचते थे। अब हर दुकानदार लिफाफों के स्थान पर पन्नी में सामान देना पसंद करता है।

यह पोलीथीन कूड़े के साथ-साथ खेतों में भी जा पहुंचते हैं। कृषि भूमि में दबे

पोलीथीन के ऊपर पौधा लगने का प्रश्न ही नहीं उठता—क्योंकि पोलीथीन गलता नहीं है। इस प्रकार यह कृषि याग्य भूमि को भी बरबाद कर रहा है। शायद आने वाली सभ्यताएं खुदाई में सबसे अधिक पोलीथन ही पाएंगी।

इसके अनेक हानिकारक प्रभावों को जानने के बाद सरकार की आंखें खुलीं। विश्व स्वास्थ्य संगठन ने भी इसे प्रतिबंधित करने की मांग की। सरकार ने तमाम मदर डेरियों पर पोलीथीन की थैलियों पर रोक लगा दी। दुकानदारों को भी जुर्माने का भय दिखाया गया।

शुरू-शुरू में दूध लेने वाले ग्राहकों ने बड़ी हायतौबा मचाई। किन्तु शीघ्र ही वे घर से थैला ले जाने के अभ्यस्त हो गए। यह एक सराहनीय प्रयास था लेकिन अन्य दुकानों में अब भी धड़ल्ले से इनका प्रयोग जारी है।

अमरीका आदि देशों में इनके अनावश्यक प्रयोग से डायक्सीन काफी बढ़ गया। फलस्वरूप विकृत बच्चों का जन्म हुआ। यदि भारत में भी कुछ ऐसे ही परिणाम सामने आए तो सीमित साधनों के चलते, उन पर रोक लगाना कठिन ही नहीं असंभव हो जाएगा। अतः समय रहते ही सचेत हो जाना होगा।

इस दिशा में स्कूली बच्चे काफी हद तक सहायक हो सकते हैं। पाठ्यक्रम में इस विषय को अवश्य पढ़ाया जाए ताकि वे लोग पर्यावरण को प्रदूषित करने वाले इस घटक से भली भांति परिचित हो सकें। कागज़ और कपड़े के सुन्दर बैग हों जिन्हें देखते ही इस्तेमाल करने को मन चाहे।

समस्या चाहे कोई भी क्यों न हो, सख्ती से कदम उठाए जाएं तो समाधान मिल सकता है। बड़े-बड़े शोरूमों में छापे मारकर पोलीथीन थैलियां ज़ब्त की जाएं और मालिकों को दण्डित किया जाए।

समाज के सम्मानित और प्रतिष्ठित व्यक्ति तथा कई संस्थाएं भी इस दिशा में सार्थक कदम उठा सकती हैं।

एक सिगरेट लीजिए न !

उच्च, माध्यम और निचले तबके के लोग समान रूप से सिगरेट का प्रयोग करते हैं। अंतर केवल इतना है कि अमीर वर्ग ऊंचे ब्रांड की सिगरेट पीता है और निचला तबका, बीड़ी से भी काम चला लेता है।

कई बार तो मैंने ऐसे रिक्शाचालकों को भी धूम्रपान करते पाया है—जिनकी दैनिक आय पचास-साठ रुपये से अधिक नहीं होती। वे आसानी से दिन में एक पैकेट सिगरेट पी जाते हैं।

यह समस्या संसार के सभी देशों में अपने भयावह रूप में प्रस्तुत है। एक सर्वेक्षण

के अनुसार भारत में ही प्रतिवर्ष लगभग 900 करोड़ सिगरेटों की बिक्री होती है।

इस क्षीण कलेवर में निकोटीन, बेन्ज़ीन, अमोनिया, कार्बन मोनोक्साइड जैसे तत्व उपस्थित रहते हैं। बेन्जोपायरीन जैसा कैंसर जन्य पदार्थ भी इसके धुएं में पाया जाता है। विश्व स्वास्थ्य संगठन का अनुमान है कि सन् 2020 तक केवल चीन देश में ही 30 लाख के करीब व्यक्ति इस शौक के कारण मारे जाएंगे।

दरअसल धूम्रपान सभ्य समाज में अनिवार्य हो गया है। किसी भी समारोह में अधिकांश व्यक्ति धुएं के छल्ले उड़ाते नज़र आएंगे और निरीह महिलाएं और धूम्रपान न करने वाले व्यक्ति भी विवशतावश इस धुएं को पीते हैं। परिणाम स्वरूप कैंसर या हृदय रोग बिन बुलाए अतिथि की तरह आ धमकते हैं।

पाश्चात्य सभ्यता की देन कहें या आधुनिक मनोवृति, महिलाएं भी इस क्षेत्र में पीछे नहीं हैं। उनके इस शौक का खमियाज़ा भुगतती है आने वाली पीढ़ी। गर्भवती महिलाएं जब धूम्रपान करती हैं तो गर्भस्थ शिशु के मानसिक और शारीरिक रूप से विकलांग होने की संभावनाएं बढ़ जाती हैं। धूम्रपान करने वाले माता-पिता के बच्चों

में निमोनिया, सांस, छाती, और गले के रोग प्रायः हो जाते हैं।

कई पुरुष सोने से पूर्व अपने शयनकक्ष में धूम्रपान करना पसंद करते हैं। बंद कमरों, खिड़कियों और दरवाज़े के बीच उस धुएं का विषैला प्रभाव क्या रंग दिखाता होगा—यह आपसे भी छिपा नहीं है।

भारत में अधिकांश ग्रामीण वासी धूम्रपान के व्यसनी हैं। अनपढ़ महिलाएं और पुरुष दोनों ही तंबाकू और बीड़ी पीते हैं। बीड़ी पीने से कैंसर का खतरा और भी अधिक हो जाता है, क्योंकि इसमें सिगरेट से कहीं ज्यादा खतरनाक तत्व विद्यमान हैं।

सरकार की ओर से इन पर्यावरणिक खतरे को मिटाने के लिए कोई खास प्रयत्न नहीं किए गए हैं। देश में सन् 1975 में एक एक्ट बना जो कि सिगरेट के विज्ञापन, बेचने, वितरण और चेतावनी लिखने तक ही सीमित था।

यह चेतावनी महज़ एक खानापूर्ति ही है। इसे पढ़ने या इस पर अमल करने की ज़रूरत नहीं समझी जाती। राजधानी दिल्ली में सार्वजनिक स्थलों पर धूम्रपान वर्जित किया गया। अपराधी के लिए दण्ड की भी व्यवस्था थी पर आज तक कोई भी ऐसा केस सुनने में नहीं आया जब किसी व्यक्ति को इस कानून की अवहेलना करने पर दंडित किया गया हो।

इस भयंकर असुर रूपी सिगरेट से मुक्ति पाने के लिए सभी को एकजुट होना होगा। बस, ट्रेन, सार्वजनिक वाहन, बस स्टैंड आदि पर धूम्रपान करने वाले को टोका जाए। यदि वह न मानें तो पुलिस की सहायता ली जानी चाहिए, क्योंकि वह व्यक्ति सब की आंखों के आगे दण्डनीय अपराध कर रहा है। आपको, मुझको, हमको धीमी मौत परोस रहा है।

युवावर्ग अपने घरों से इस के खिलाफ मुहिम आरंभ करें। पिता, दादा या चाचा जो भी धूम्रपान करें, उन्हें इस के खतरों से अवगत कराएं। यदि वे न समझें तो उन्हें सख्ती से कह दिया जाए कि चारदीवारी के भीतर धूम्रपान न हो।

स्कूल, कालेजों में किशोरों के लिए सिगरेट पीना फैशन माना जाता है। यदि उन्हें इस दिशा में मार्गदर्शन दिया जाए तो आने वाली पीढ़ी काफी हद तक सुधर सकती है।

सरकार को चाहिए कि सिगरेट और बीड़ी की कीमतें बढ़ा दे। शायद ऐसा होने से धूम्रपान करने वालों की संख्या घट जाए।

□□

पुराना कम्प्यूटर क्या करें?

कम्प्यूटर का प्रयोग इक्कीसवीं सदी में इतना व्यापक हो गया है कि इसके बिना कार्यालय ठप्प हो जाते हैं। राशन लेने जाएं या टिकट बुक करवाने, खरीदारी करें या प्रोजेक्ट रिपोर्ट बनवाएं, सभी कार्यों के लिए कम्प्यूटर की मदद लेनी होगी। यह इस युग में हर एक की ज़रूरत बन कर उभरा है। परन्तु इसके कारण होने वाले रोगों से अभी हम अनजान हैं।

कम्प्यूटर के की बोर्ड पर लगातार काम करने से अंगुलियों के सिरे धीरे-धीरे सुन्न पड़ने लगते हैं और अंगुलियां स्वयं ही कांपने लगती हैं। कम्प्यूटरकर्मी की रीढ़ की हड्डी में वक्रता उत्पन्न हो सकती है। कई बार उन्हें पूरे शरीर में दर्द की शिकायत भी हो जाती है।

कम्प्यूटर के चारों ओर उत्पन्न होने वाला विद्युत चुंबकीय क्षेत्र हमारे स्वास्थ्य को नुकसान पहुंचाता है। परदे से फूटने वाली पराबैंगनी किरणें त्वचा कैंसर का कारण बनती हैं। अल्प मात्रा में एक्स किरणें भी निकलती हैं।

अमरीका के नेशनल फाऊंडेशन द्वारा करवाए गए अध्ययनों से चौंकाने वाले निष्कर्ष सामने आए हैं। कम्प्यूटर के अत्यधिक प्रयोग के कारण मस्तिष्क कैंसर, रक्त कैंसर और गर्भपात की संभावना बढ़ जाती है।

कम्प्यूटर पर काम करने वाले अधिकांश व्यक्ति नेत्र रोगी हो जाते हैं, क्योंकि दिन भर कम्प्यूटर के सामने बैठने से आंखों में जलन होने लगती है और पानी आता है।

इससे भी घातक समस्या तब उत्पन्न होती है, जब अपनी आयु शेष कर चुके कम्प्यूटरों को ठिकाने लगाना होता है। प्रत्येक कम्प्यूटर का सर्किट बोर्ड अपने भीतर खतरनाक रसायनों की पोटली लिए होता है। यह कम्प्यूटर पर्यावरण के लिए गंभीर खतरा उत्पन्न करते हैं।

एक शोध के अनुसार सन् 2004 तक चलन से बाहर हो चुके कम्प्यूटरों की संख्या 3150 लाख से ऊपर हो जाएगी।

इन परिस्थितियों को ध्यान में रखते हुए अमरीका में बेकार कम्प्यूटरों को कूड़ेदान के हवाले करना दंडनीय अपराध घोषित कर दिया गया है। यदि उन्हें जलाया जाए तो रसायन वायु प्रदूषण को बढ़ा देंगे और यूं ही फेंकने का मतलब होगा, इन्हें पानी में घुलने की पूरी छूट देना।

इसके लिए एक नया समाधान खोज निकाला गया। प्रत्येक व्यक्ति को नई तकनीक से युक्त कम्प्यूटर की आवश्यता नहीं होती। अतः ऐसे कम्प्यूटरों को उन व्यक्तियों को दान दे देना चाहिए या बेच देना चाहिए।

घरेलू प्रदूषण :

प्रदूपण इतना फैल चुका है कि मजबूत दीवारों और दरवाज़ों से घिरा हमारा घर भी सुरक्षित नहीं रहा। हमारे घर में ही अनेक ऐसे तत्व हैं, जो प्रदूषण फैलाते हैं। हम आंखें मूंदे, दिन-रात उनके संपर्क में रहते हैं।

ग्रामीण घरों की रसोइयों में अब भी वही पुराना धुंएदार चूल्हा प्रयोग में लाया जाता है। स्त्रियां चुपचाप आंसू बहाते हुए उस पर काम करती हैं और सैंकड़ों कैंसर जन्य तत्वों का सेवन करती रहती हैं।

भोगवादी संस्कृति ने दिखावे के प्रचलन को बढ़ावा दिया है। अब घर में टी.वी, म्यूज़िक सिस्टम, मिक्सर-जूसर, गीज़र, वैक्यूम क्लीनर आदि संपन्नता के पर्याय माने जाते हैं। लेकिन यही सुख-सुविधा के साधन मानव के गले में फांसी का फंदा बनते जा रहे हैं।

शरीर पर तेल-चंदन का उबटन, मक्खन का लेप, खस और गद्दियों की टट्टियां, बादाम के शरबत, ठंडाई आदि बीती बातें हो गई हैं। डिब्बाबंद संस्कृति के चलते इंसान एक मशीन बन गया है। उसके शरीर को गर्मी और सर्दी अनुभव करने की आवश्यकता ही नहीं है, क्योंकि वह चौबीसों घंटे वातानुकूलित कमरों में रहता है।

यदि ए.सी. नहीं है तो भी कूलर तो चल ही सकता है। घर्र-घर्र की आवाज़ से वातावरण की निस्तब्धता भंग करने वाला यह यंत्र शरीर के जोड़ों में भी अपनी सर्द और नम हवा का कुप्रभाव डालता है।

पहले ज़माने में लोग प्रातः ही स्नान-ध्यान से निवृत हो जाते थे। अब रोज़ नहाने का समय ही कहां है? कपड़े बदले, डियाडेरेंट छिड़का और तैयार हो गए। चारों ओर भीनी-भीनी खुशबू फैल गई परन्तु इस खुशबू के बनने में किन रसायनों का प्रयोग हुआ और वे कितने हानिकारक हो सकते हैं—इसकी माथपच्ची कौन करे?

चूहे मारने की दवा हो या काक्रोच भगाने वाला स्प्रे, ड्राईक्लीनिंग किए कपड़े हों या रूम फ्रेशनर, इन सभी में ऐसे उड़नशील रसायनिक पदार्थ पाए जाते हैं, जो मानव स्वास्थ्य के लिए अहितकर हैं।

प्रायः घरों के कमरे इतने अंधकारपूर्ण रहते हैं कि दिन में भी कृत्रिम प्रकाश की आवश्यकता पड़ती है। सूर्य महाराज वहां तक पहुंच ही नहीं पाते। यह भी सीलन और कीटाणुओं के लिए खास अवसर होता है, जिसका फायदा उठाने से वे चूकते नहीं हैं।

प्रत्येक परिवार अपने आप में एक सम्पूर्ण संसार है। उस घर के सदस्य यदि चाहें तो अपने उसूलों, नियमों और परम्पराओं के बल पर अपने घर को स्वर्ग बना सकते हैं।

माना कि आपको बेमौसमी सब्ज़ियां पसंद हैं लेकिन क्या आप जानते हैं कि यह आपके लिए हानिकारक हैं क्योंकि यह वातानुकूलन द्वारा ही आप तक पहुंचती हैं। अतः ताज़ी और मौसमी सब्ज़ियों तथा फलों का ही सेवन करें।

गर्मियों के मौसम में मटके के ठंडे पानी का सेवन अवश्य करें। बंद कमरे में कूलर के नीचे सोने के बजाए, खुली छत पर सोएं। यकीनन आप सुबह उठ कर तरोताज़ महसूस करेंगे।

कई ऐसे काम भी करें जिनके लिए शरीर को मेहनत करनी पड़ती है। इस तरह आप डायटिंग के झंझट से भी बचेंगे। आस-पास की छोटी दूरी तय करने के लिए साइकिल क्या बुरी है?

प्लास्टिक के फूल केवल रंग देते हैं, सुगंध नहीं। ताज़े फूल लगाने का शौक अपनाइए। बेला, मोगरे या गुलाब की सुगंध मस्तक को शान्त रखेगी और घर भी महकाएगी।

ड्राईक्लीन किए कपड़ों को धूप दिखाकर ही पहनें। आफ्टर शेव तथा परफ्यूम्स का प्रयोग कम से कम करें। इन के स्थान पर इत्र लगाएं। यह प्रदूषण रहित होते हैं।

काक्रोच का स्प्रे लाने की बजाए अन्य उपाय अपनाएं। रसोईघर और शौचालय की स्वच्छता पर ध्यान दें ताकि कीड़े मकोड़े पनप ही न पाएं।

मकान बनाने की सामग्री के चुनाव में सावधानी बरतें ताकि गलत सामग्री के चयन से घरेलू प्रदूषण न फैले।

घर खुले, हवादार और साफ-सुथरे हों। हवा की आवाजाही का विशेष प्रबंध हो ताकि उमस और घुटन उत्पन्न न हो। खुली धूप भी घर में अवश्य आए।

पसीना निकालने वाले अगों पर पाउडर का लेप न करें। चेहरे पर भी अनावश्यक सौंदर्य-प्रसाधन न थोपें। ऐसा करने से त्वचा के रोमछिद्र बंद हो जाएंगे—जिसके कारण त्वचा कान्तिहीन और खुरदरी हो जाएगी।

स्वच्छ पेयजल का प्रयोग करें। पीने के पानी के प्रति लापरवाही न बरती जाए। बच्चे पानी से भरे बर्तन में गंदे हाथ न डालें। सदा बर्तन से ही पानी निकाला जाए।

घर के आस-पास या कूलर में जमा पानी, मलेरिया का कारण बन सकता है। अतः इसका ध्यान रखें।

घर में कच्चे स्थान पर पेड़-पौधे अवश्य लगाएं। यह आपको ताज़ा हवा और फूल देंगे। यदि स्थान अधिक हो तो अमरूद आदि फल और कुछ ताज़ा सब्ज़ियों के पौधे भी लगाए जा सकते हैं।

यदि फ्लेट में रहते हैं तो भी गमले तो रखे ही जा सकते हैं। गमलों की मिट्टी में उचित समय पर खाद-पानी अवश्य देते रहें। यदि किसी का जन्मदिन हो तो पौधे उपहार में देने की प्रथा अपनाएं। इससे दोहरा लाभ होगा।

सादी जीवन शैली अपनाएं। हम भारतीयों को पाश्चात्य संस्कृति का अंधानुकरण नहीं सोहता। देर से उठना, बैड-टी पीना, फास्ट फूड खाना आदि हमारे लिए नहीं है। सह सब हमारी सभ्यता नहीं, हमें यदि स्वस्थ और दीर्घायु जीवन चाहिए तो हमें प्रकृति की गोद में ही लौटना होगा—क्योंकि वही हमारी शरणस्थली है। भला मां की गोद से अधिक सुख कहां मिलता है?

❑❑

सागर और उसका प्रदूषण-संगीत

जिन खोजा, तिन पाईयां
गहरे पानी पैठ।

यह उक्ति हमारे सागरों के लिए ही कही गई है। समुद्र के गर्भ में जाने कितना कुछ छिपा है, जो आज भी हमारी आंखों के लिए अनजाना है। इनमें संपदा के विशाल भंडार हैं, जिनका अनुमान लगाना सहज नहीं है।

जल से भरे सागरों के कारण ही पृथ्वी पर जीवन है। यह धरती की जलवायु को नियंत्रित रखने में सहायता प्रदान करते हैं। लगभग 71 प्रतिशत भूमि समुद्र के नीचे है।

देवों और असुरों के जिस प्रकार समुद्र मंथन से विष और अमृत पाया था, उसी प्रकार मानव भी दिन-रात समुद्र के भीतर छिपे रहस्यों तक पहुंचने में लगा है।

समुद्र की गहराई सब स्थानों पर एक समान नहीं होती। गहराई का पता लगाने के लिए 'सोनिक ध्वनि यंत्र' की सहायता ली जाती है। सोनिक ध्वनि समुद्र की तलहटी की ओर भेजी जाती है। जब उसकी गूंज ऊपर सुनाई देती है तो उसमें लगने वाले समय से गहराई के माप का पता चलता है।

सागरों में ऊंचे पहाड़, मैदान, खाइयां भी होती हैं। इनसे अगाध खनिज संपदा, रसायन, विभिन्न खाद्य पदार्थ मिल सकते हैं। आने वाले समय में गहन खोजें क्या रंग लाएंगी, यह तो आने वाला समय ही बताएगा। लेकिन सागर आज भी बहुमूल्य वस्तुओं के वितरण में कृपणता नहीं बरतता। व्यापार की अनन्त संभावनाओं के लिए इसकी चौड़ी छाती सदैव खुली है।

समुद्री जल में साधारण नमक, मैग्नीश्यिम क्लोराइड, मैग्नीशियम सल्फेट, पोटेश्यिम सल्फेट, बेरियम, आयोडीन आदि पाए जाते हैं। इसकी तलहटी में तेल के भण्डार और प्राकृतिक गैसें भी विद्यमान हैं। अनेक समुद्री जीव ऐसे हैं, जिनका स्वाद चखना तो दूर रहा, अस्तित्व भी अबूझ है।

ऐसे ही रहस्यों का पर्दाफाश करने में वैज्ञानिक जुटे हैं। यह तो बहुत अच्छी बात है। क्या हम अपने को इस योग्य मानते हैं कि हमें सागरों से बहुविधि लाभ प्राप्त हों? क्या हम सागर को उचित पर्यावरण दे पा रहे हैं?

भूमध्य सागर चारों ओर से पृथ्वी से घिरा है। लेकिन वह अब सागर नहीं 'एक गंदी झील' मात्र कहलाता है।

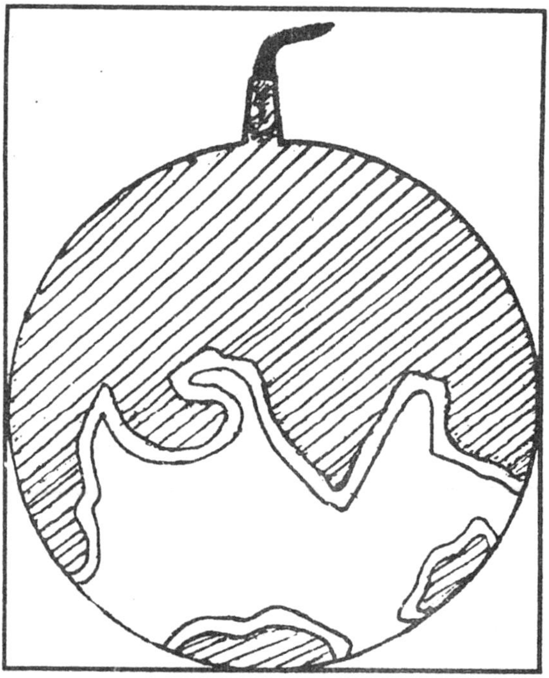

सागर के जीव-जन्तु हमारे द्वारा फेंके गए औद्योगिक कचरे को पचा नहीं पाते। परिणामतः न तो वह प्रयोग हो पाता है और न ही उनका विघटन हो पाता है। यही प्रदूषण आगे चलकर सागर को प्रदूषित करता है जिससे समुद्री जीव अपनी जान से हाथ धो बैठते हैं।

सागर प्रदूषण फैलाने वाले कारक :

1. प्लास्टिक के नए खिलौने देखने में तो सुन्दर लगते हैं और सस्ते भी होते हैं, किन्तु कुछ समय बाद वह बदरंग हो जाते हैं तथा कचरे के डिब्बे में स्थान पाते हैं। इनका विघटन इतनी आसानी से नहीं होता। अपनी लंबी यात्रा के

बाद यह ज्यों के त्यों सागर में पहुंचकर प्रदूषण बढ़ाने में अपना योगदान देते हैं।

2. 'अधिक अन्न उपजाओ' का नारा अपने भ्रामक अर्थों की सृष्टि कर चुका है। प्रत्येक देश का कृषक वर्ग अनेक प्रकार के रसायनों के प्रयोग से कीटनाशियों को मार कर अच्छी फसल पाना चाहता है। हेप्टाक्लोर, एल्ड्रिन आदि कीटनाशकों में काफी मात्रा में क्लोरीन होती है, जो समुद्री जीवों को नुकसान पहुंचाती है।
3. समुद्र में बिखरा तेल कब, किस रूप में हम तक पहुंचता है, यह हम नहीं जान पाते। अनेक खूबसूरत पक्षी मारे जाते हैं। तेल युक्त पानी में मछलियों के भ्रूण भी मर जाते हैं। पानी की उर्वरा शक्ति समाप्त होती जाती है और सागर पर संकट के बादल गहराते जाते हैं।
4. सागर प्रदूषित करने वाले पदार्थों में बेखटके 'सीसा' का नाम भी लिया जा सकता है। सीसे के यौगिक भी कम हानिकारक नहीं।

पारे के यौगिक खाद्य श्रृंखला द्वारा अनेक समुद्री जीवों तक पहुंच जाते हैं। इन जीव-जंतुओं के भक्षण से मनुष्य के मस्तिष्क पर और नेत्रों पर प्रतिकूल प्रभाव पड़ता है। उसकी मौत भी हो जाए तो कोई हैरानी की बात नहीं है।

रोकथाम के उपाय :

प्लास्टिक की बनी वस्तुओं को खुलेआम न फेंका जाए। इनका उपयोग धीरे-धीरे कम कर दिया जाए तो बेहतर हो। कीटनाशियों का प्रयोग सावधानी पूर्वक करें ताकि हानि की अपेक्षा अधिक लाभ प्राप्त हो।

सागर से तेल निकालते समय और ढोते समय भी बिखरता है। इस बिखरे हुए तेल पर अवशोधक पदार्थ फैला कर दूर किया जा सकता है। इसके लिए पालीयूरेथीन फोम या लकड़ी का बुरादा भी प्रयोग में लाया जा सकता है।

परमाणु और हाइड्रोजन बमों के परीक्षण से उत्पन्न रेडियोधर्मी पदार्थों की मात्रा को कम करने का प्रयास करना चाहिए।

इस प्रकार हम सागरों से मिलने वाले बहुविधि लाभों का आनंद ले पाएंगे।

❑❑

युद्ध : क्यों और किसलिए?

सृष्टि की रचना हुई तो ईश्वर ने दो प्रकार के जीव बनाए। वे दोनों सत् और असत् वृति के परिचायक थे। समय बदला। परिस्थितियां बदलीं। कभी सत् ने असत् पर विजय पाई तो कभी दुष्ट ही बाज़ी मार ले गया।

फिर आया सभ्य मानव। उसने अपनी बुद्धिमता और योग्यता के बल पर धरती पर अपना शासन चलाया। तब तक वह दोनों वृत्तियों का मालिक बन चुका था। उसी के भीतर मानव भी था और दानव भी। भोगवाद ने बांहें पसारीं तो सत्य-असत्य, न्याय-अन्याय, धर्म-अधर्म और पाप-पुण्य भी कहीं छिप गया और समर्थ तथा शक्तिवान बन बैठा विजयी।

'जिसकी लाठी उसकी भैंस' घोषणा हुई—''आयुधवान ही समाज का नियंता होगा चाहे वह कितना ही अविवेकी, लंपट और दुष्चरित्र ही क्यों न हो।

बस सभी अपने-अपने आयुध एकत्र करने में जुट गए। इस प्रतियोगिता में वे कतई शामिल न थे जो भरपेट अन्न को भी तरसते हैं। यह उनके द्वारा कमाई गई रोटी छीन कर खाने वालों की जमात थी।

बदलते समय ने युद्धों के मानदण्ड बदल दिए। खडग्, धनुष-तीर, गदा आदि का लोप हुआ और वैज्ञानिकों ने अपनी अतुल क्षमता के बल पर निर्माण किया अत्याधुनिक हथियारों का, जो केवल बटन दबाते ही त्रास उत्पन्न कर सकते थे।

बारूद के आविष्कार ने युद्ध के क्षेत्र में क्रान्ति ला दी। रसायनिक युद्धों का वह दौर चलते-चलते आज परमाणु युद्ध और नाभिकीय युद्ध तक आ पहुंचा है।

इन भीषण युद्धों के कारण नरसंहार और प्रदूषण अत्यधिक मात्रा में होता है। इनके विनाशकारी प्रभाव आने वाले वर्षों तक भी समाप्त नहीं होंगे।

प्रथम परमाणु बम परीक्षण :

सन् 1945 में 16 जुलाई को प्रथम परमाणु बम का परीक्षण किया गया। विस्फोट से निकला धुआं इतना अधिक था कि उसकी ऊंचाई एवरेस्ट से भी दस हजार फुट अधिक थी।

आस-पास बसने वाले दो किलोमीटर के क्षेत्र में जीव-जंतु मारे गए।

6 अगस्त, 1945 को जापान के हिरोशिमा शहर पर अमरीका ने परमाणु बम गिराया। इस विस्फोट में लगभग 80 हजार लोग काल के गाल में समा गए। संपूर्ण वातावरण प्रदूषित हो गया। आज भी उस स्थान में पैदा होने वाले बच्चे किसी न किसी शारीरिक अथवा मानसिक विकृति का शिकार अवश्य होते हैं।

इस बम विस्फोट से अमरीका का दिल नहीं भरा था। अतः 9 अगस्त 1945 को उसने जापान के नागासाकी शहर पर बमबारी कर दी। विस्फोट में 40 हज़ार लोगों की जान गई और करीब 25 हज़ार लोग घायल हुए। उन की पीढ़ियां आज भी उस हिंसक कार्यवाही का परिणाम भुगत रही हैं और रेडियोधर्मी विकिरण के प्रभाव से उबर नहीं पाई हैं।

डाइनामाइट के आविष्कारक अल्फ्रेड नोबेल ने कभी सोचा भी नहीं होगा कि उनका वह विस्फोटक पदार्थ क्या गुल खिलाएगा!

वर्तमान में संसार के महाशक्तिशाली देश भीतर ही भीतर घातक युद्धों के लिए तैयारी कर रहे हैं। उनके आपसी तनाव और द्वेष कब युद्ध का रूप धर लेंगे, यह कहा नहीं जा सकता।

सत्ता और धनलोलुप देश यह नहीं सोचते कि जिस ऐश्वर्य और प्रभुत्व के लिए वह लड़ने को तैयार हैं उसे भोगेगा कौन? दोनों ओर से भीषण बमबारी के पश्चात शेष बचेगा कौन? जिन सुख-सुविधाओं के लिए वे प्रयासरत हैं, वह किस के काम आएंगी?

इस समय अमरीका, रूस, इंग्लैंड और चीन आदि देशों के पास नाभिकीय आयुद्ध मौजूद हैं। नाभिकीय आयुद्धों के प्रयोग से मानव अपंग हो जाएंगे। पर्यावरण में विषम परिस्थितियां उत्पन्न होंगी और प्रदूषण चारों ओर फैल जाएगा।

प्रसिद्ध वैज्ञानिक आइन्सटाइन परमाणु परीक्षणों के खिलाफ थे। उनका कहना था–"तृतीय महायुद्ध में परमाणु आयुद्धों से मानव सभ्यता अधिकांश रूप से नष्ट हो जाएगी और चतुर्थ महायुद्ध तक मानव सभ्यता पाषाण काल में होगी।"

चेर्नोबिल की दर्दनाक घटना :

यह घटना रूस के चेर्नोबिल परमाणु बिजलीघर में घटी। हुआ यूं कि एक विस्फोट के बाद रेडियोधर्मी पदार्थ प्लांट से बाहर आ गए थे। परमाणु भट्टी से लगातार तीन सप्ताह तक आग निकलती रही। उसके कारण सारा वातावरण प्रदूषित हो गया। रेडियो एक्टिव किरणें दूर-दराज़ के स्थानों तक भी पहुंच गईं।

भीषण आग को बुझाना भी सरल न था। पानी या रसायन से आग बुझाने पर रेडियो एक्टिविटी के दूर तक जाने का भय था। अनेक लोगों की मृत्यु हुई। अन्य लोगों को सुरक्षित स्थानों पर ले जाया गया।

कई स्थानों पर खाद्य-पदार्थों के प्रभावित होने के कारण काफी परेशानी उठानी पड़ी। मछलियों और अन्य पशुओं में भी रेडियो एक्टिविटी पाई गई। कुल मिला कर दूर-दूर तक इस दुर्घटना का असर पहुंचा। अस्पतालों में मरीज़ों की कतारें देखकर ऐसा लगता था मानो किसी प्राकृतिक आपदा ने शहर के शहर उजाड़ दिए हों।

माना यह एक दुर्घटना थी, कारण चाहे कुछ भी रहा हो परंतु इसकी पुनरावृति नहीं होनी चाहिए।

इन महाप्रलयंकारी युद्धों से निबटने का केवल एक ही उपाय है, वह है मानवता। जब तक हम दूसरों को भी अपनी तरह इंसान नहीं समझेंगे तब तक हमारे हाथ खून

से रंगे रहेंगे। नाभिकीय युद्ध आपसी द्वेष का हल नहीं है। आपस में बैठ कर भी झगड़े और विवाद सुलझाए जा सकते हैं।

राष्ट्रपति आइज़हॉवर के शब्दों में–

"हर बंदूक जो बनती है, हर युद्धपोत जो पानी में उतरता है और हर प्रक्षेपास्त्र जो छोड़ा जाता है, प्रतिनिधित्व करता है उन लोगों से की गई चोरी का, जो बेचारे स्वयं भूखे हैं पर खाने को दो जून रोटी नहीं जुटा पाते। वे जो ठंड से ठिठुर रहे हैं, किन्तु उनके पास तन ढांपने को कपड़ा नहीं है।"

❑❑

पृथ्वी का बढ़ता तापमान और हम

"सन् 2050 तक पृथ्वी की सतह का औसत तापमान और ज्यादा बढ़ जाएगा।"

—"प्रदूषण की दिन-ब-दिन बढ़ती मात्रा के चलतें, 21वीं सदी के मध्य तक पहुंचते-पहुंचते मनुष्य जाति काफी हद तक अपनी प्रजनन क्षमता खो बैठेगी।"

—निरंतर बढ़ते तापमान से हमारी पृथ्वी खतरे में है।"

प्रतिदिन समाचार-पत्रों के यह शीर्षक हमें यह सोचने को विवश कर देते हैं कि हम जानबूझ कर उस रास्ते की तरफ कदम बढ़ा रहे हैं जहां हमारी और मौत की दूरी का अंतर समाप्त हो जाएगा। न चाहते हुए भी हम वातावरण में आने वाले हर उस परिवर्तन का सामना कर रहे हैं जो आने वाले विनाश की चेतावनी मात्र है।

जब हमारे सयाने अचरज से कहते हैं—"इतनी गर्मी पहले कभी नहीं पड़ी।" तो हम उनकी बात मखौल में उड़ा देते हैं किन्तु उनका अनुमान शत प्रतिशत सही है। वैज्ञानिक स्वयं मान रहे हैं कि भूमिगत जल का स्तर घट रहा है, ग्लेशियर सिकुड़ रहे हैं, वातावरण में तापमान की निरंतर वृद्धि हो रही है।

पृथ्वी पर पर्याप्त मात्रा में वृक्ष न होने के कारण ऐसी गैसें बढ़ रही हैं जो पृथ्वी को गरम कर देती हैं। क्लोरो-फ्लोरो कार्बन अर्थात सी.एफ.सी., मीथेन व नाइट्रोजन आक्साइड सरीखी विषैली गैसें एक महातांडव की भूमिका रच रही हैं। सूर्य की उष्मा को कार्बन समूह की गैसें ब्रह्मांड में लौटने नहीं देतीं जिससे उष्मा का अस्वभाविक संचय होता है व तापमान बढ़ता है।

कहा जाता है कि पिछले 100 वर्षों में दुनिया के सभी ग्लेशियरों का आकार घटा है। ऐसा होने से ध्रुवों पर एकत्रित विशाल हिम पिघल सकती है। यदि ऐसा हुआ तो विशाल भू-भाग जल में डूब जाएंगे।

संभावना है कि समुद्र तल एक से तीन मीटर तक ऊपर उठ जाएगा। ज़रा कल्पना करें कि समुद्र तट की समीपवर्ती विश्व की दो तिहाई आबादी का क्या हश्र होगा?

ग्रीन हाउस गैसें, पृथ्वी के सुरक्षा कवच ओज़ोन को भी नष्ट कर रही हैं। कई ऐसे प्रमुख उद्योग हैं जहां इन खतरनाक रसायनों का प्रयोग होता है।

चिमनियों, फैक्ट्रियों से निकले रसायन, कोयले व रसोईघर का धुआं आदि पृथ्वी पर एक ऐसी परत बना देते हैं जो सूर्य की उष्मा के आवागमन क्रम में बाधा डालती है। यही बाधा जलवायु परिवर्तन का मुख्य कारण है।

जलवायु परिवर्तन से तापक्रम परिवर्तित होगा जिसके कारण कई क्षेत्रों में अधिक वर्षा होगी तथा कई स्थानों पर बार-बार सूखा पड़ेगा। कुल मिला कर सभी स्थान प्रकृति की विभीषका को झेलेंगे।

एक वैज्ञानिक अध्ययन के अनुसार सन् 2100 तक ध्रुवीय प्रदेशों में 9 डिग्री तक तापमान की वृद्धि हो जाएगी। इस समस्या के स्थायी हल की तलाश में दिसंबर 1997 में जापान में एक अंतरराष्ट्रीय जलवायु संधि की गई।

इस संधि में स्वीकारा गया कि सन् 2008 से 2012 तक की अवधि में तीन ग्रीन हाऊस गैसों (कार्बन डाई आक्साइड, मिथेन, नाइट्रस आक्साइड) के 1990 के उत्सर्जन स्तर में पांच प्रतिशत की कमी लाने का प्रयास किया जाएगा।

अमेरिका के राष्ट्रपति ने प्रोत्साहित घोषणा की। उन्होंने कहा कि प्रदूषण व ग्रीन हाऊस गैसों व गैसोलिन के इस्तेमाल में लगभग 20 प्रतिशत की कमी होनी चाहिए।

सी.एफ.सी. पर प्रतिबंध लग जाने से विभिन्न देश इसके उपयोग को कम करने के नए तरीके ढूंढ रहे हैं। कोशिश की जा रही है कि क्लोरीन रहित क्लोरो-फ्लोरो कार्बन विकसित किए जा सकें।

किसी भी नए रसायन के आविष्कार से पूर्व ही उसके हानिकारक पक्ष को परख लेना चाहिए। कई वैज्ञानिक नव उत्पादित रसायनों के लाभ-हानियों के अध्ययन कर रहे हैं ताकि समय रहते ही उन कमियों पर काबू पाया जा सके।

जनमानस में चेतना का संचार आवश्यक है ताकि वृक्षों की अंधाधुंध कटाई को रोका जा सके। अधिक से अधिक वृक्ष उगाना मनुष्य का लक्ष्य होना चाहिए न कि अधिक से अधिक वृक्ष काटना।

प्राकृतिक संसाधनों का गलत प्रयोग ही नई-नई बीमारियों व समस्याओं की जड़ है। इस के समाधान के लिए कोई बाहरी मार्ग नहीं खोजा जा सकता। यह समझ मनुष्य के भीतर, हृदय से उत्पन्न होगी तभी कुछ हल निकलेगा।

जनसंख्या विस्फोट भी कुछ कम उत्तरदायी नहीं है। ऐसा लगता है कि मनुष्यों की लंबी कतारें, प्रकृति मां को नोचने-खसोटने को कटिबद्ध हैं, कहीं भी बचने की गुंजाइश नहीं है।

अपनी ही धरती को अपमानित करने वाला मानव तमाम मूर्खताओं व कुकृत्यों के बावजूद प्रकृति को मां कह कर संबोधित करता है। यदि प्रकृति मां है तो मां के साथ पुत्र का यह पशुजनित व्यवहार कहां तक उचित है, आप ही बताइए।

ऐसी परिस्थिति में मेरा, आपका, हम सब का कर्तव्य बनता है कि हम पृथ्वी को बचाने का प्रयत्न करें। पर्यावरण संबंधी शिक्षा, चेतना व जागृति का कार्य विशाल पैमाने पर हो। सरकार की विभिन्न योजनाओं में पर्यावरण संरक्षण पर विशेष बल दिया जाए। यदि प्रत्येक व्यक्ति इस समस्या को निजी मान कर हल करे तो हम पूर्णतः तो नहीं किन्तु काफी हद तक हरित भवन प्रभाव व वैश्विक भू-तापन के प्रभावों से मुक्ति का मार्ग ढूंढ लेंगे।

❑❑

बढ़ती जनसंख्या व पर्यावरण

जब तक आप घर की चारदीवारी के भीतर हैं, तब तो ठीक है किंतु घर से बाहर कदम रखते ही एक ऐसी अंतहीन भीड़ का सामना करना पड़ता है जो अंधाधुंध बढ़ती जी जाती है। बस-अड्डा हो या रेलवे-स्टेशन, डाकघर हो या सिनेमाघर, दूध की डेरी हो या राशन की दुकान, बिजली का बिल जमा करना हो या बच्चे की फीस, अस्पताल हो या डाक्टर की दुकान, सब जगह एक सा ही नजारा देखने को मिलता है; एक लंबी पंक्ति; सभी चेहरे एक से दिखते हैं 'नीरस व सपाट'। लंबे समय तक इच्छित वस्तु की प्राप्ति के लिए व्यर्थ गया समय, उदासी बन कर चेहरे पर आ जाता है।

यही स्थिति कमोबेश प्रत्येक भारतीय की है। साधन सीमित है किंतु आवश्यकताएं हैं कि थमने का नाम ही नहीं लेतीं। जहां प्रबन्ध हो केवल एक व्यक्ति का और पहुंच जाएं पांच, तो स्वयं ही सोचें कि कुव्यवस्था का कैसा बोल-बाला होगा।

पहले समय की बात और थी, साधनों की कमी न थी। एक-एक व्यक्ति के घर में कम-से-कम आठ बच्चे होते थे। प्रत्येक बच्चे के आगमन का स्वागत हर्षोल्लास से किया जाता था क्योंकि माना जाता था कि आने वाले शिशु के दो हाथ भी घर की कमाई में बरकत डालेंगे।

हो सकता है तत्कालीन परिस्थितियों के अनुसार वह अवधारणा सही हो किंतु वर्तमान परिप्रेक्ष्य में इस विचार का कोई आधार नहीं रहा।

दिन-ब-दिन सिमटते संसाधनों ने आवश्यकताओं की समुचित पूर्ति पर प्रश्न-चिन्ह लगा दिया है। समय बदला किंतु उसके साथ हम नहीं बदल सके। हम आज भी समय से बहुत कदम पीछे हैं। समय की मांग है कि किसी भी परिवार में एक या दो से अधिक संतान न हो क्योंकि बढ़ती हुई जनसंख्या ऐसी विषम स्थिति तक पहुंच रही है जहां पहुंच कर सभी के लिए भरपेट रोटी जुटाना भी कठिन हो जाएगा।

केवल इस जनसंख्या वृद्धि के कारण ऐसी अनेक समस्याएें भी मुंह बाए खड़ी हो गई हैं जिनका निवारण असंभव तो नहीं किंतु कठिन अवश्य होता जा रहा है।

जनसंख्या व पर्यावरण :

जनसंख्या विस्फोट ने हमारे पर्यावरण को भारी नुकसान पहुंचाया है और यह प्रक्रिया अनवरत रूप से जारी है। देश के कई भागों में तो हालत इतनी बदतर है कि भोजन जैसी आधारभूत आवश्यकता भी पूरी नहीं हो पा रही, बाकी सब आवश्यक साधन तो कल्पना से भी परे हैं।

एक निम्न वर्गीय परिवार में बच्चों की समुचित शिक्षा, स्वास्थ्य रक्षा व पौष्टिकता आदि तथ्य बुरी तरह प्रभावित हैं।

यही कारण है कि समाज में अपराध, बाल-शोषण, बलात्कार, दहेज-प्रथा, आर्थिक शोषण व असामाजिक तत्वों का प्रवेश निर्बाध रूप से बढ़ रहा है। प्राकृतिक संसाधन क्षीण हो रहे हैं व प्रदूषण अपनी सफलता पर अट्टाहास कर रहा है।

पर्यावरण पर पड़ने वाले दुष्प्रभाव :

पर्यावरण का अर्थ है परि + आवरण् अर्थात हमारे चारों ओर बना घेरा पर्यावरण कहलाता है। डगलस व हालैण्ड के अनुसार–

''पर्यावरण शब्द का प्रयोग उन सब बाह्य शक्तियों, प्रभावों तथा दशाओं के सामूहिक रूप से वर्णन करने हेतु किया जाता है जो जीवित प्राणियों के जीवन, प्रकृति, स्वभाव, वृद्धि, विकास व परिपक्वता पर प्रभाव डालते हैं।''

यह एक बाह्य शक्ति है जो हमें प्रभावित करती है। यही पर्यावरण जनसंख्या वृद्धि के कारण प्रदूषित होता जा रहा है। विश्व भर में खाद्यान्नों की मांग बढ़ रही है। भारत एक कृषि प्रधान देश है किंतु इसके निवासी अब भी अपना पेट नहीं भर पाते।

यह सत्य है कि गहन खेती के कारण उत्पादकता में परिवर्तन आया है किंतु जनसंख्या के बढ़ते दबाव के कारण यहां ''ऊँट के मुंह में जीरा वाली'' कहावत ही चरितार्थ होती दिखाई दे रही है।

कीटनाशकों, सिंचाई सुविधाओं, उन्नत बीज व तकनीकों का प्रयोग तो हुआ है किंतु कृषि हेतु भूमि कम पड़ती जा रही है। कारण है, आवास समस्या के समाधान के लिए ऊंची-ऊंची अट्टालिकाओं का निर्माण।

खाद्यान्न के पश्चात बारी आती है पेयजल की, कहीं पढ़ा था कि विश्व में लगभग 120 करोड़ व्यक्ति आज भी पीने के पानी को तरसते हैं। घरेलू उपयोग के लिए जल के प्रयोग को सीमित कर सकते हैं किंतु पीने के लिए तो शुद्ध जल का होना अति आवश्यक है। प्रतिवर्ष दूषित जल पीने से मरने वाले रोगियों की संख्या देखते हुए लगता है कि कुछ समय बाद हम जल के 'जीवनदायिनी शक्ति' शब्द का प्रयोग करने से कतराने लगेंगे।

रोटी, कपड़ा व मकान की तलाश में ग्रामीण जनता शहरों की ओर भाग रही है क्योंकि उनके पास कृषि हेतु भूमि नहीं है। वन काटे जा चुके हैं किंतु आवश्यकताएं अब भी ज्यों की त्यों हैं। उनके पास पलायन से नगरीकरण में लगातार वृद्धि हो रही है। यह स्थिति और भी घातक है। शहरी व ग्रामीण संस्कृति की बेमेल खिचड़ी, शुद्ध भारतीय के लिए पचाना और भी कठिन हो जाता है।

जनसंख्या में बढ़ोतरी के कारण निम्नवर्गीय समाज फैलता जा रहा है। यह उन लोगों का तबका है जो पेट भरने के लिए बुरे से बुरा कार्य करने को भी तैयार हो जाते हैं। इनके आवास व भोजन का कोई ठिकाना नहीं होतां कई व्यक्ति तो सारी जिंदगी फुटपाथों पर बिता देते हैं। किसी जनसंकुल बस्ती में जाकर देखें, वहां आप को जिंदगी किसी और ही रंग में ढली नजर आएगी। यही लोग पर्यावरण संरक्षण में बाधक सिद्ध होते हैं। किसी भी देश की सरकार के लिए इनके विकास पर ध्यान देना आसान नहीं होता क्योंकि यह लोग स्वच्छ वायु, शुद्ध जल तथा अन्य सुविधाओं की चाह में अपने ही पांव पर कुल्हाड़ी चला देते हैं। इन की गंदी गलियों में अधनंगे, चीकट बच्चे ही इनक गाथा सुनाने के लिए काफी है।

जनसंख्या-वृद्धि पर नियंत्रण :

जनसंख्या का नियंत्रण अति-आवश्यक है। इसके लिए सबसे पहले हमें अपने-अपने घरों से ही चेतना-जागरण का मंत्र फूंकना होगा। विशेष रूप से ग्रामीण व निरक्ष जनता को समझाना होगा कि अधिक संतान पैदा करना मां व बच्चे के साथ-साथ देश की प्रगति व उन्नति में भी रुकावट पैदा करता है।

स्त्रियों को परिवार-नियोजन के संभावित उपायों की जानकारी दी जाए। उन्हें उनकी शारीरिक संरचना समझाई जाए ताकि वे भी जनसंख्या नियंत्रण के इस महती कार्य में योगदान दे सकें। अधिकांश भारतीय जनता इस तथ्य में विश्वास रखती है कि गर्भपात अथवा परिवार नियोजन पाप है। उनकी इस मिथ्या धारणा को तोड़ने के लिए कुछ नुक्कड़ नाटकों व पुस्तकों से मदद ली जा सकती है।

पढ़ी-लिखी स्त्रियां जो किटी पार्टियों व व्यर्थ की गप्पबाजी में अपना समय नष्ट करती हैं। वे इस मिशन में सहभागिता अपनाएं तो यह एक स्तुत्य प्रयास होगा।

लोगों को इस बात का एहसास दिलाया जाए कि छोटा परिवार किसी राष्ट्र के विकास में अपनी महत्वपूर्ण भूमिका निभाता है।

जनसंख्या नियंत्रण से शनैःशनैः महंगाई व बेरोजगारी सरीखे दानवों से छुटकारा पाया जा सकता है। आम मध्यवर्गीय व्यक्ति महंगाई के बोझ तले दिन-रात पिसता है। उसे यह बताना जरूरी है कि उसकी इस हालत का जिम्मेदार स्वयं उस का विशाल परिवार ही है।

सरकार द्वारा परिवार नियोजन कार्यक्रमों में रुचि दिखाई जाए। छोटे परिवार के कर्ता को पुरस्कार आदि देने की व्यवस्था हो। चीन आदि देशों में जन्म दर निर्धारित करने के लिए कई कठोर नियम बनाए गए हैं। जिनके नियमित पालन से उन्होंने अपने लक्ष्य में सफलता पाई है।

प्रौढ़ शिक्षा केंद्रों के माध्यम से भी अपने संदेश का प्रसारण किया जा सकता है क्योंकि अनावश्क संतानोत्पत्ति के पीछे इन्हीं का परोक्ष रूप से दबाव रहता है। एक बच्चे के जन्म के बाद, बुजुर्ग स्त्री-पुरुष दूसरे बच्चे के लिए कहना प्रारंभ कर देते हैं। इस प्रकार यह सिलसिला टूटने में नहीं आता।

जनसंख्या नियंत्रण हेतु प्रजनन योग्य महिलाओं तक गर्भ-निरोधक साधनों तथा तकनीकों को निःशुल्क पहुंचाया जाए। लोगों को संतान उत्पन्न करने के सही समय, अंतराल व संख्या के बारे में जागृत किया जाए।

भारत सरकार द्वारा इस दिशा में प्रयास

सिनेमेटाग्राफिक एक्ट, 1952 के तहत सिनेमाघरों में परिवार-नियोजन पर बनी फिल्में दिखाना अनिवार्य है। यह फिल्म दैनिक अथवा साप्ताहिक रूप से दिखानी आवश्यक है।

सन् 1971 में "चिकित्सीय गर्भ समापन अधिनियम" बनाया गया। उस के अनुसार 12 सप्ताह से अल्प अवधि के गर्भ को समाप्त किया जा सकता था। परंतु यह कार्य किसी पंजीकृत चिकित्सक द्वारा ही किया जाए।

सन् 1966 में "परिवार नियोजन विभाग" का गठन हुआ। 16 अप्रैल, सन् 1976 में राष्ट्रीय जनसंख्या नीति की घोषणा हुई। इस नीति में परिवार कल्याण से संबंधित चिकित्सा की निःशुल्क व्यवस्था पर बल दिया गया। गर्भ-निरोधकों के क्षेत्र में अनुसंधानों व परिवार कल्याण कार्यक्रमों की बढ़ोतरी पर विशेष ध्यान दिया गया।

सन् 1977 की राष्ट्रीय जनसंख्या नीति में "परिवार नियोजन कार्यक्रम" को "परिवार कल्याण कार्यक्रम" का नाम दिया गया। अपनी इच्छा से नसबंदी करवाने वाले व्यक्ति के लिए नगद राशि के भुगतान की अपील की गई।

नई-नई सरकारें अपनी ओर से नए कार्यक्रमों व नीतियों की रचना करती रहीं किंतु इस मुद्दे पर ठोस क्रियान्वयन नहीं हो पाया। अब भी यदि हम समय रहते चेत जाएं तो निरंतर पतनोन्मुखी आर्थिक ढांचे को चरमराने से बचा सकते हैं।

□□

पर्यावरण संचार एवं शिक्षा

हम प्रतिदिन समाचार-पत्रों, पत्रिकाओं व टी.वी. पर प्रसिद्ध एवं ख्याति प्राप्त अभिनेताओं, नेताओं, खिलाड़ियों, संगीतज्ञों, पाकशास्त्रियों, लेखकों व कवियों के लुभावने चेहरे देखते हैं व उनके विचारों से अवगत होते हैं। ऐसा तभी संभव हो पाया है जब हमारे जनसंचार माध्यम सशक्त हुए हैं।

इसी तरह जन संचार के माध्यम भी जन-जागरण का महत्वपूर्ण कार्य निभा सकते हैं। पर्यावरण को बचाने का काम तभी हो सकता है जब हम उसे समझें। इसी 'समझ' की मानसिकता को जन-जन तक पहुंचाने के लिए संचार माध्यमों की आवश्यकता अनुभव की जा रही है।

अति-व्यस्तता व भागदौड़ से भरी जिंदगी में किसी के पास भी समय नहीं है या यूं कहिए कि यांत्रिकता की छाया ने सभी को घेर रखा है। जनसंचार माध्यम उस सोई हुई संवेदनशीलता को जगा सकते हैं।

उनके द्वारा गांव-गांव तक संदेश पहुंचाया जा सकता है। तथ्यों, विचारों व अनुभवों का आदान-प्रदान ही संचार कहलाता है। इस प्रक्रिया द्वारा संप्रेषण सहज हो जाता है।

इलैक्ट्रोनिक माध्यम पर्यावरण के प्रति चेतना जागरण कर सकते हैं। इसके अंतर्गत ऑडियो, वीडियो कैसेट, स्लाइड्स आदि आते हैं।

विभिन्न पत्रिकाओं में पर्यावरण संबंधी आलेख लिखे जाएं। बैनर व होर्डिंग्स भी मदद कर सकते हैं।

विशाल पैमाने पर लोगों का ध्यान से ओर खींचा जाए। इसके लिए चाहे किसी विधि का प्रयोग हो किंतु जनता में एक तीव्र लहर का होना जरूरी है।

सरकारी व गैर सरकारी संगठन भी पर्यावरण रूपी महत्वपूर्ण मुद्दे पर ध्यान दें तो यह बेहतर होगा। विभिन्न प्रदर्शनियों में पर्यावरण से जुड़े पहलुओं पर जानकारी दी जाए। विषयवस्तु में रोचकता का समावेश हो ताकि दर्शक ऊब अनुभव न करें।

आकाशवाणी व केबल टी.वी. नेटवर्क भी यदि सहयोग दें तो लोगों में पर्यावरण

के प्रति प्रेम व समझ की परंपरा विकसित की जा सकती है।

पर्यावरण जिस प्रकार प्रदूषण के कारण प्रभावित हो रहा है उसे देखते हुए यह कहा जा सकता है कि आने वाला युग स्वच्छ वायु, जल व भूमि के दर्शन भी नहीं कर पाएगा। ताजी ऑक्सीजन के स्थान पर गैस मास्क व शुद्ध पेयजल के स्थान पर मिनरल वाटर ही शेष रह जाएगा।

कहते हैं कि किसी भी समस्या का समाधान हो सकता है, बस आवश्यक इतनी है कि उसके समाधान के लिए खोजे गए उपाय सटीक व कारगर हों। कहीं ऐसा न हो कि समाधान के प्रयास से जुड़े तथ्य मात्र शब्द जाल बन कर रह जाएं। उनमें व्यवहारिक भाव होना जरूरी है।

पर्यावरण को प्रदूषण के खतरे से बचाने का एकमात्र उपाय है ''पर्यावरण शिक्षा'' अर्थात वह शिक्षा जो पर्यावरण से संबंध रखने वाले सभी पहलुओं पर नजर रखें व उनके निराकरण हेतु कुशलता प्रदान करें।

इस शिक्षा के द्वारा हम मनुष्य के हृदय में पर्यावरण के प्रति प्रेम व सद्भाव उत्पन्न कर सकते हैं। सही मायने में जिस दिन पर्यावरण शिक्षा, जन-जन तक पहुंचेगी, उस दिन स्वयं ही इस से जुड़ी समस्याओं के हल निकल आएंगें क्योंकि जितने मस्तिष्क होंगे उतनी ही प्रभावी विचार प्रणाली विकसित हो पाएगी।

एक शिक्षित व्यक्ति जब पर्यावरण शिक्षा प्राप्त करता है तो स्वयं ही उसकी गतिविधियों में अंतर परिलक्षित होता है। वह पर्यावरण की गुणवत्ता बनाए रखने के लिए क्रियाशील हो जाता है। जब उसे पता चलता है कि प्राकृतिक संसाधनों के दुरुपयोग का भविष्य कितना अंधकारमय है तो वह उन्हें पुनः स्थापित करने को इच्छुक हो उठता है।

इस प्रकार एक से दो, दो से तीन....... ही श्रृंखला बनती चली जाती है व हमारे सम्मुख एक ऐसा जन-आंदोलन प्रस्तुत हो जाता है जिसके लिए पर्यावरण को सुरक्षित रखना, एक जिम्मेवारी बन जाती है।

पर्यावरण शिक्षा का प्रचार व प्रसार एक स्वस्थ्य मस्तिष्क व शरीर की भूमिका संजोता है। देश के भावी कर्णधारों के लिए एक उपयुक्त व स्वास्थ्यवर्द्धक वातावरण का निर्माण करता है।

पर्यावरण की शिक्षा के माध्यम से आर्थिक एवं सामाजिक स्थिति में सुधार की परिकल्पना भी की जा सकती है क्योंकि इसके द्वारा वह यह जान पाता है कि जीविका के क्षेत्र में इसका उचित प्रयोग कितना लाभप्रद है।

नई तकनीकों, विधियों, उपायों तथा पद्धतियों की जानकारी मिलती है। पर्यावरणविद् अपने कार्य सुगमतापूर्वक कर पाते हैं क्योंकि शिक्षित जनसमुदाय सदैव उनकी

सहायता को तत्पर रहता है व पर्यावरण संरक्षण में सहायक बनता है।

पर्यावरण की शिक्षा कहीं भी, किसी भी रूप में दी जा सकती है। यह कोई आवश्यक नहीं है कि इसके लिए विशेष प्रबंध हों। सर्वप्रथम आप अपने ही परिवार से इस लाभकारी शिक्षा का प्रारंभ कर सकते हैं।

विद्यालयों में पढ़ने वाले बच्चों के लिए अनेक ऐसे कार्यक्रम तैयार किए जा सकते हैं जिनके माध्यम से वे पर्यावरण संबंधी घटकों की जानकारी पा सकें।

बालकों को पर्यावरण संरक्षण संबंधी लेखन के लिए प्रोत्साहित करें। लेखन-कला के अंतर्गत ऐसी कथा-कहानियां शामिल की जाएं जो पशु-पक्षियों व मानव के बीच दया, करुणा व प्रेम का सेतुबंध बनाती हों।

पौराणिक कथाओं व प्रसंगों के माध्यम से भी यह कार्य सुगमतापूर्वक किया जा सकता है। यथा राजा शिवि द्वारा कबूतर के प्राण बचाने के लिए दिया गया बलिदान, आदि।

विद्यालयों में केवल किताबी-शिक्षा पर जोर न दिया जाए। छात्रों को समय-समय पर स्थानीय तालाब, झरने, बगीचे व नदी आदि का भ्रमण भी करवाएं ताकि वह स्वयं नन्हें मेंढक की टर्र-टर्र, कोयल की कुहू-कुहू व तोते की टें-टें सुन सकें।

वत्य अभ्यारण्य, पक्षी-विहार व चिड़ियाघर की सैर भी उनकी जानकारी बढ़ाएगी व प्रकृति से एक संबंध बनाने में सहायता प्रदान करेगी।

बागवानी व वृक्षारोपण सरीखे अभियान केवल औपचारिक कार्यक्रम बन कर न रहें। बच्चों को नए व छोटे पौधों की सार-संभाल भी सिखाई जाए। पर्यावरण शिक्षा को पाठ्यक्रम में अनिवार्य रूप से स्थान दिया जाए।

इस से संबंधित प्रतियोगिताएं, निबंध लेखन भी उत्साहवर्धक रहेंगे। कक्षा में अध्यापक द्वारा स्वयं ऐसा माहौल बनाया जाए जिसमें पश्चिमी सभ्यता की बजाए भारतीय संस्कृति से प्रेम सिखाया जाए।

आजकल बच्चे फास्ट-फूड के दीवाने हैं। नूडल्स, बर्गर व पिज्जा ने ताजी व पौष्टिक हरी-सब्जियों, सत्तू, चने व लाई आदि खाद्य पदार्थों को पीछे छोड़ दिया है।

विद्यालयों में ऐसे खाद्य पदार्थों की बिक्री पर रोक लगा दी जाए ताकि छात्र अपने घर का पका भोजन करने को विवश हो जाएं।

थोड़ी ऊंची कक्षा के छात्रों को पर्यावरण का अर्थ व उससे जुड़ी समस्याओं के बारे में बताया जाए ताकि वे स्वयं अपनी बुद्धि के आधार पर चेतना जागृत कर सकें।

स्वास्थ्य संबंधी परेशानियों से निपटने के लिए एक ऐसी दिनचर्या निर्धारित की जाए जिसमें अधिक से अधिक उपयोग में आने वाली सामग्री शुद्ध रूप से प्राप्त हो

सके।

शुद्ध पेयजल की प्राप्ति अपने-आप में बहुत बड़ी समस्या है। छात्रावासों में स्नान व शौचालयों की सफाई के अलावा पीने के साफ पानी का भी महत्व समझाया जाए। इन से संबंधित नियमों को तोड़ने वाले छात्रों को दंड अवश्य दिया जाए ताकि वे भी साफ-सफाई जैसे अहम् मुद्दे को नकार न सकें।

श्रीमती इंदिरा गांधी ने एक बार राष्ट्रीय पर्यावरण सम्मेलन में कहा था—

''पर्यावरण संबंधी शिक्षा प्रारंभिक अवस्था से ही शुरू कर देनी चाहिए। यहां तक कि एक छोटा सा बालक, जो अभी बोलता भी नहीं है, वह भी अपने आस-पास की सुंदरता को देखे।

बालकों को इस प्रकार प्रशिक्षित किया जाए कि वे आस-पास के वृक्षों, फूलों, पहाड़ियों, समुद्री किनारों, पशुओं जैसी साधारण सी बातों तथा उनके प्राकृतिक पर्यावरण की सुंदरता को देखें कि उन्हें उपयोगिता की दृष्टि से किस प्रकार संरक्षित रखा जा सकता है।''

उच्च शिक्षा के क्षेत्र में भी पर्यावरण शिक्षा महत्वपूर्ण स्थान रखती है। इसके अंतर्गत शिक्षण, विस्तार व शोध को चुना गया है।

देश में स्वतंत्रता प्राप्ति के पश्चात इस दिशा में गंभीर कदम उठाए गए। विश्व-विद्यालयों में विभिन्न पाठ्यक्रम रखे गए जिनके माध्यम से पर्यावरण के विविध पक्षों की जानकारी दी गई। पर्यावरण विज्ञान पर किए गए लेखन को प्रोत्साहित किया गया ताकि इस से संबंधित जानकारी चाहने वाले पाठक भी लाभान्वित हो सकें।

पर्यावरण दिवस व सप्ताहों का स्वागत किया गया। पर्यावरण व वन मंत्रालय द्वारा शोध सुविधाएं दी गई हैं ताकि पर्यावरण विज्ञान व प्रबंधन के नए आयाम तलाशे जा सकें।

पर्यावरण शिक्षा केंद्र (अहमदाबाद) सी.पी.आर. शिक्षा केंद्र (चेन्नई) व खनन पर्यावरण केंद्र, (बिहार) आदि ऐसे ही कुछ केंद्र हैं जहां अनुसंधान कार्य किया जा सकता है।

❑❑

पर्यावरण और आपका प्रयास

प्रदूषण चाहे ध्वनि का हो या कीटनाशी का, वायु का हो या जल का, मृदा का हो या रसायनों का, सब हमारे स्वस्थ जीवन के बैरी हैं। इन सबसे अपने बचाव के लिए हमें अपने पर्यावरण की रक्षा करनी होगी। दरअसल चिमनियों का विषाक्त धुआं, रसायनिक उर्वरकों का अविवेकपूर्ण उपयोग, वनों का विनाश, जनसंख्या में वृद्धि आदि समस्याएं हमने स्वयं ही उत्पन्न की हैं। पर्यावरण को बिगाड़ने में शायद हमने ही अहम् भूमिका निभाई है। इस अध्याय में मैंने कतिपय ऐसे उपायों का उल्लेख किया है जिनके पालन से आपकी दिनचर्या में थोड़ी सी कठिनाई अवश्य होगी किन्तु इनके पालन से हम आने वाली पीढ़ी को एक बेहतर पर्यावरण सौंप सकेंगे। कागज़ की बचत करें। कागज़ की बचत का सीधा-सा अर्थ होगा वृक्षों की बचत। स्कूलों, कालेजों में कागज़ के दुरुपयोग को रोक कर बहुत सी अनावश्यक कटाई को रोका जा सता है।

यदि किसी नल से बूंद-बूंद पानी टपकना बंद न होता हो तो उसे शीघ्र ही ठीक करवा लें। अन्यथा बहुत सा कीमती जल व्यर्थ हो जाएगा।

दंत मंजन करते समय और शेव करते समय नल खुला न रखें। पीने का पानी भर कर रखें। बार-बार नल खोलना उचित नहीं है। फव्वारे से स्नान करने से पानी कम मात्रा में खर्च होता है।

कपड़े धोते समय उतना ही डिटेर्जेंट लें जितना जरूरी हो क्योंकि इसके अनावश्यक प्रयोग से मृदा और जल प्रदूषण होता है।

पीने के पानी को उबाल कर पिएं ताकि वह कीटाणु रहित हो जाए। प्लास्टिक थैलियों का प्रयोग बंद कर दें। यदि ज़रूरी समझते हैं तो इसे कई बार प्रयोग में लाएं। इसे भूल कर भी फेंकें नहीं। क्योंकि यह एक जैव अपघटित पदार्थ है। यह पर्यावरण के लिए समस्या बन जाता है। मिट्टी अनुपजाऊ होकर किसी काम की नहीं रहती।

घर के कचरे को यथास्थन ही डालें। यदि अलग-अलग तरह का कूड़ा छांट कर डाला जाए तो इससे कूड़े के प्रबंधन में सुविधा होगी।

लाल बत्ती आने पर अपने वाहन का इंजन बंद कर दें ताकि वायु प्रदूषण न फैले।

पेंट और बैटरियों में सीसे का इस्तेमाल किया जाता है। यह मानसिक विकार उत्पन्न करता है। आप कम सीसे वाले पेंट का चुनाव करें।

मकोड़े और छिपकलियां प्रकृति में संतुलन साधते हैं। इन्हें बिलावजह मत मारो।

संगीत सुनने से पहले जांच लें कि कहीं आपके मनोरंजन का साधन किसी के लिए परेशानी तो नहीं बन रहा।

कम दूरी वाले स्थान पर जाने के लिए साईकिल का प्रयोग करें। व्यायाम तो होगा ही, पैट्रोल भी बचेगा और प्रदूषण भी कुछ कम होगा।

पेड़-पौधों की पत्तियों से उत्तम खाद बना सकते हैं। कीटनाशक औषधियों को सिंक में न डालें। ऐसा करने से सीवेज प्लांटों पर अधिक ज़ोर पड़ता है।

वाहनों के साइलेंसर की समय-समय पर जांच करवाएं ताकि वे ध्वनि प्रदूषण का कारण न बन सकें।

हो सके तो बिजली की खपत को नियंत्रित करें। बिजली है शक्ति, इसे व्यर्थ न गंवाएं। जितनी ज़रूरत हो, उतनी ही प्रयोग करें।

खनिज कोयला युक्त चूल्हा ऐसा हो कि उसे घर के बाहर भी ले जाया जा सके। इस तरह ज्यादा न सही, पर्यावरण का, आपका कुछ तो भला होगा ही।

रसोईघर वह स्थान है जिससे पूरे परिवार को पोषण मिलता है। यदि यही स्थान आपकी उपेक्षा का केंद्र रहा तो उसका खमियाज़ा पूरे परिवार को भुगतना पड़ सकता है। अतः यहां की सफाई का विशेष ध्यान रखें।

कीड़े मकोड़े मारने वाले कीटनाशी रसायनों का प्रयोग समझ-बूझ कर ही करें। इनके विषैले प्रभावों से आप अनजान नहीं रहें। इनके स्थान पर यदि गमलों में राख रखी जाए तो यह भी एक उचित स्थानापन्न होगा।

फल, सब्ज़ियां और गेहूं धो कर ही प्रयोग में लाएं अन्यथा इन पर छिड़के गए रसायन पेट में जा कर पाचन तंत्र पर हमला कर सकते हैं।

तंबाकू का धुआं वातावरण में ज़हरीली गैसें उत्पन्न करता है। इसमें कार्बन मोनो-आक्साइड, निकोटीन, अमोनिया, पिरीडीन एवं डाइबेंजोपाइरीन इत्यादि विषाक्त तत्वों की भरमार है। इस बुरी लत पर काबू पाने का प्रयत्न करें।

बरामदे अथवा आंगन में कुछ हरे पौधों के साथ-साथ तुलसी का पौधा अवश्य रखें।

बिजली के उपकरणों के अनावश्यक प्रयोग से बचें क्योंकि इनसे विद्युत चुंबकीय तरंगें निकलती हैं, जोकि त्वचा कैंसर, रक्त कैंसर, मस्तिष्क कैंसर और स्तन कैंसर का वाहक बन सकती हैं। अतः अपने सिरहाने के समीप से बिजली से चलने वाली अलार्म घड़ी हटा लें। वातानुकूलन यंत्र स्थित कमरे में एक खिड़की अवश्य खुली रहे। आयनीकरण यंत्र भी आपके लिए कारगर हो सकता है।

नए फर्नीचर के कारण आंखों में जलन और सिर दर्द की शिकायत हो सकती है। अतः इस से बचकर रहें, क्योंकि फार्मेतिडहाइट नामक यह गैस रंगहीन और तीखी होती है और उक्त कठिनाइयों का कारण बन सकती है। कम्प्यूटर पर काम करने वाले व्यक्तियों को उसके विद्युत चुंबकीय क्षेत्र से बचाने के लिए ऐसे शील्ड मिलते हैं, जिन्हें लगाने से इनका विद्युत चुंबकीय क्षेत्र सीमित हो जाता है।

कम्प्यूटर के परदे पर चमकरोधी स्क्रीन भी लगाई जा सकती है। लगातार काम के घंटों को कुछ समय के अंतरालों में बांट दें तो बेहतर होगा।

बढ़ती जनसंख्या ही सब समस्याओं का मूल है। हमारी पृथ्वी इतना भार उठाने में स्वयं को अक्षम पा रही है; तो क्यों न हम उसके भार को कम करने का प्रयास करें और परिवार के सीमित कलेवर में ही संतुष्ट हो जाएं। इस दिशा में मुझे स्कूली छात्रों से बहुत उम्मीदें हैं। दरअसल बच्चों में एक विशेष प्रकार की ऊर्जा और चेतना शक्ति

रहती है जिसका बड़ों में अभाव पाया जाता है। यदि स्कूली बच्चों को पर्यावरण शिक्षा दी जाए तो वे इस विषय में हमारी काफी सहायता कर सकते हैं। मैंने स्वयं एक स्कूल के बच्चों को दुकानदार से पोलीथीन एकत्र कर, लिफाफे बांटते देखा है।

जो काम हम बड़े नहीं कर पाते वह बच्चे चुटकियों में कर डालते हैं और उस पर खास बात यह कि बच्चों की बातों का कोई बुरा भी नहीं मानता।

बच्चों में वनस्पति जगत और पशु-पक्षियों के प्रति स्वाभाविक स्नेह होता है। एक छोटा बच्चा पाले हुए कुत्ते के पिल्ले को नन्हे हाथों से भोजन कराए बिना नहीं सोता, क्योंकि वह अपना नैतिक दायित्व मानता है कि पिल्ले को भोजन अवश्य देना है। क्या यह दायित्व की भावना हम में है?

स्कूलों में बच्चों के जन्मदिवस पर पौधा लगवाने की परम्परा का हम स्वागत करते हैं। जो बच्चा पौधा लगाता है, आगे वही उस की दख-रेख और सिंचन का भी ज़िम्मेदार माना जाता है। इस तरह प्यार का नया रिश्ता पनपता है।

सो, इन बातों को मैंने पढ़ा, आपने पढ़ा परन्तु क्या हम इन्हें गुन पाएंगे? क्या हम इनमें से दस प्रतिशत उपायों का भी पालन करने की क्षमता रखते हैं? क्या हमारे निजी स्वार्थ इन उपायों को निःसंकोच अपनाएंगे? क्या हमारी चेतना जागरण में ये सहायक हो सकते हैं?

यदि इन प्रश्नों का उत्तर आपके पास 'हां' में है तो मैं समझूंगी पर्यावरण चेतना के इस महाजागरण में मेरा यह छोटा सा प्रयास सफल हुआ। इसी आशा और विश्वास के साथ पुस्तक का अन्तिम अध्याय समाप्त करती हूं कि नवागत पीढ़ी को हम सौंपेंगे खुला आसमान, मीठी धूप और मीठी बयार। वह आक्सीजन मास्क लगाकर शुद्ध वायु नहीं लेगा और प्रकृति मां की गोद में बिखरे अप्रतिम सौंदर्य को त्याग कर विदेशों की ओर नहीं भागेगा।

❑❑❑